抖音电商
运营攻略
引流+文案+直播+带货
（第2版）

何润参　倪林峰　编著

清华大学出版社

北京

内 容 简 介

本书共有10章，包括100多种技巧，立体化拆解抖音平台的精细化运营，快速达成变现！具体内容有：打造爆款视频、引流养成大号、沉淀私域流量、爆款标题的制作、视频文案的编写、直播入门的关键内容、带货达人的养成、抖音卖货的转化变现等。

本书适合粉丝量比较少的抖音号，以实现快速引流，快速成长为大V；适合为内容发愁的抖音号，以制造爆款文案，快速吸引抖音用户的关注；适合素人入门抖音主播，以变身带货达人。另外，本书中对带货的方法和案例进行了详尽的展示，能够为各类电商运营者提供借鉴。

图书在版编目(CIP)数据

抖音电商运营攻略：引流+文案+直播+带货/何润参，倪林峰编著. —2版. —北京：清华大学出版社，2020.7（2024.4重印）

ISBN 978-7-302-55893-4

Ⅰ.①抖… Ⅱ.①黄… ②倪… Ⅲ.①电子商务—网络营销 Ⅳ.①F713.365.2

中国版本图书馆CIP数据核字(2020)第108952号

责任编辑：张 瑜 杨作梅
封面设计：杨玉兰
责任校对：王明明
责任印制：刘海龙

出版发行：清华大学出版社
　　　　　网　　址：https://www.tup.com.cn, https://www.wqxuetang.com
　　　　　地　　址：北京清华大学学研大厦A座　　　　邮　　编：100084
　　　　　社 总 机：010-83470000　　　　　　　　　邮　　购：010-62786544
　　　　　投稿与读者服务：010-62776969, c-service@tup.tsinghua.edu.cn
　　　　　质量反馈：010-62772015, zhiliang@tup.tsinghua.edu.cn

印 装 者：三河市君旺印务有限公司
经　　销：全国新华书店
开　　本：170mm×240mm　　　印　　张：15　　　字　　数：350千字
版　　次：2019年7月第1版　2020年9月第2版　印　　次：2024 年 4 月第 6 次印刷
定　　价：59.80元

产品编号：085804-01

笔者从事互联网营销十年，从抖音平台初创开始就一直在探索，在此期间我遇到很多难题，也踩过很多坑，基本在新媒体运营上会碰到的难题都碰到了。于是，我想把自己的经验写成一本书，帮助更多有需要的互联网创业者。希望更多的互联网创业者来到汇淘新媒体孵化基地这个平台，让更多的互联网创业者少走弯路。

经过和汇学电商教育的校长倪林峰、姜云宝、肖森舟等优秀人士的交流和经验分享，促使大家一起策划编写了本书，就是想将自己在新媒体运营操作过程中遇到的问题以及经验分享给大家。

在新媒体行业，人人熟知的是字节跳动核心创始人张一鸣，他旗下基于数据挖掘的推荐引擎产品今日头条和抖音、火山小视频、悟空问答，在新媒体领域里占有流量份额最大，随着5G浪潮新型商业模式的更迭，想要在新媒体行业中占有一席之地，任重而道远。

中小型企业或者是新媒体人，该如何在抖音平台上创业？如何进行品牌的打造？如何进行战略营销管理？如何进行私域流量的维护？以及如何达到高质量用户增长？是现实中面临的主要问题。本书针对这些疑惑和问题，结合一些抖音优秀案例进行了充分的分析和讲解，主要涵盖内容如下。

(1) 内容全面，从搜索规则开始切入，到IP定位规划促销活动策划，再到之后的营销方式的选择和使用，涵盖了抖音运营的多个环节。

(2) 操作性强，有大量的营销案例，每讲到一种营销方法，都有具体的操作步骤。虽然说涉足抖音不是改变生活与命运的单一选择，但是成功运营抖音电商是一个能够改变无数人生活与命运的梦想，所以，在实现梦想的征途中，要脚踏实地地学习相关知识。

为帮助广大抖音从业者以及众多中小卖家更好地运营IP，本书全面阐述了整个抖音IP运营的重点环节，具体操作步骤翔实，并且结合笔者的实际操作经验，将抖音各个环节本质的一面透彻展现给读者，结合理论与实战，尽可能向读者展示抖音真实的运营核心。

何润参

自序2

当下，最火的社交平台无疑就是抖音，抖音显然与微信、微博呈并驾齐驱之势。对于后来者而言，微信、微博的红利已经被先行者吸收殆尽，后来者想要分得一杯羹已经非常困难。

而抖音正处于上升期，正是获取社交红利的好机会。那么，如何在用户庞大的抖音平台引流？如何在流量庞大的抖音平台通过短视频展开营销？如何利用高点击的视频宣传推广企业品牌？抖音短视频制作有什么技巧？点击过亿的抖音短视频是如何产生的？

本书从抖音平台的运营定位、内容输出、视频制作、吸粉引流、营销推广、关联矩阵、深度复盘、盈利变现等方面进行深度解析，手把手教您从抖音建号到变现全流程，帮助您快速掌握抖音的运营技巧和落地指南，及时收获抖音红利。

近10年的互联网营销之路，一路走来风风雨雨。每个企业或草根创业家都不容易，每天的工作时间超过16个小时。除了吃饭和睡觉，他们的脑袋里想的一直都是获客、营销、转化。

在2019年的时候，我们汇淘新媒体孵化基地萌生写一本关于抖音电商运营攻略的书，系统地介绍抖音运营思路，从运营定位、内容输出、视频制作、吸粉引流、营销推广、关联矩阵到盈利变现的内容。因为在每一次和企业或个人的接触过程中，都会发现，中小商家中很少有人系统地学过这些工具技巧，很多做得好的经验都是从日常运营推广的过程中积累下来的，做得不好的从业者基本上处于停滞或混乱的状态。

我们一直在思考，如何利用有限的精力帮助更多的商家成长？如何结合我们的研究领域帮助商家打造自己的IP？本身对商家来说是一个烧钱的布局，做任何运营都需要定位，抖音也不例外。想要在千千万万的抖音号中脱颖而出，必须有特色才行。

首先，你要知道自己将成为什么；其次，你要知道自己擅长什么，在擅长领域做事才是正途；然后，你还要做一份竞品报告，知道你的对手都在干什么；最后，你要了解用户的真实需求，满足用户的需要才是真正的定位。做到这些，你才能抓住市场空缺，否则你只会成为别人的模仿者。

本书适合入门的新媒体人进行系统的学习，也适合一些经验丰富的互联网老手用于梳理知识。基础不好的可循序渐进，多看几遍，多实操。基础好的可以跳跃着看，找到几个您迫切需要解决的点；也许这里面有那么几个点可以帮到您，给您新的思路，这样我的目的也就达到了。

我代表汇学电商学院、汇淘线上教育平台、汇淘新媒体孵化基地，感谢那些在我们互联网新媒体成长道路上，在我们汇学教育的发展道路上给予我们帮助的朋友、学员！我真诚地感谢你们，如果没有你们，也许汇学电商学院走不到现在，也衍生不出如此多的品牌机构。

我觉得能够回报大家的只有不忘初心，帮助企业或个人成长和盈利。只有这样，我们才会有长久的发展空间！我们也想把这本书献给我们所有在运营抖音的商家，因为有他们的支持和理解，我们才能这样义无反顾地工作。谢谢！

倪林峰

目录

第 1 章

没有粉丝？从 0 开始打造爆款视频引流

学前提示

　　抖音用户喜欢刷推荐页的内容，在刷到有趣的视频之后，可能会点击关注，他们会关注很多人，但很少会专门去看这些抖音号的新视频。只有打造爆款短视频，让短视频上热门，才有可能被更多人看到。

　　那么，没有粉丝，或者粉丝量比较少的抖音号要如何打造爆款视频，进行引流呢？本章将从 4 个方面具体进行说明。

要点展示

- 根据抖音算法打造爆款视频
- 了解上热门的原则以加热视频
- 通过热门内容打造爆款视频
- 借助实用技巧引爆视频流量

1.1 根据抖音算法打造爆款视频

抖音沿袭了今日头条的算法推荐模型——根据用户口味推荐，从而保证了视频的分发效率及用户体验。了解抖音的推荐算法机制，能相应地获取更多的推荐，从而快速打造出爆款短视频。

1.1.1 抖音的算法及推荐机制

抖音平台会根据抖音视频的推荐基数（根据浏览人数、点赞和评论比例等数据设置的一个基础值）、视频播放量、点赞量、评论量、转发量、账号的资料完整度和认证情况等进行计算，然后按照得分，决定审核的顺序。视频审核之后，会根据审核结果决定视频的推荐量。

抖音有着自己的推荐算法机制，如图 1-1 所示。如果抖音运营者想在一个平台上成功吸粉，首先就要了解这个平台的喜好，知道它喜欢什么样的内容，排斥什么内容。抖音运营者在抖音发布作品后，抖音平台对于作品会有一个审核过程，抖音运营者发布的每一条内容，抖音审核员都可以看到。其目的就是筛选优质内容进行推荐，同时杜绝垃圾内容的展示。

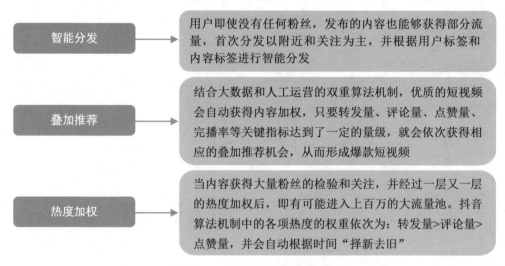

图 1-1 抖音的推荐算法机制

1.1.2 抖音算法的关键要素

抖音的账号权重主要包括如下几个关键要素。

(1) 粉丝数。粉丝数是最直观的隐性账号权重，粉丝的数量和增长速度，也同时在反映抖音账号被认可的程度。

（2）完播率。简单来说就是针对发布的视频，有多少比例的用户是完全看完的，有多少用户是在刚打开三五秒的时候就直接跳出的。这个比率跟传统 Web 时代网站的跳出率类似，可以看到用户是在什么位置流失，有多少用户是全部看完的。完播率也是一个衡量短视频质量的指标，毕竟没有人对于不好看的内容，还会坚持看完。

（3）传统的转发率、点赞率等基础数据。因为抖音跟今日头条的推荐机制是一脉相承的，会根据用户的过往使用习惯，相对精准地把新内容推送到用户面前。所以，那些优秀的短视频内容，通常都会获得比较高的转发率和点赞率。

（4）活跃度。抖音的活跃度主要指用户在线时长以及内容发布频次。例如，某个漂亮的女性用户，苦练了几个抖音上热门的手势舞，技巧和相貌都相当出众，但是她的视频点赞量却只有寥寥几个。原因很简单，在第一次没有被抖音小助手推荐后，她已经错失了最初获得流量的机会。同时，她以每周更新一个短视频的频次进行创作，这种更新频次显然会影响权重。

（5）评论量。评论短视频的用户越多，说明该视频的内容越好，话题性越强，可以激起用户想要发表看法的欲望。

如果一个视频，上述几个指标都很高，系统就会把视频推给更多的人看。在实际运营抖音的时候，用户还可以通过一些技巧来提高这些关键指标的权重，具体方法如图 1-2 所示。

提高关键指标权重的方法

- 通过其他渠道让朋友帮忙点赞、评论和转发，使短视频能够满足获得叠加推荐的要求
- 在标题上做一些引导性的文案，如话题挑战或送福利等，引发用户互动，并评论你的作品
- 利用自己的小号在评论区进行自评，同时对其他人进行评论引导
- 积极认真地回复用户给予的评论，吸引他们再次对短视频进行评论
- 内容要有新意和"槽点"，尤其是结尾的策划，要能够煽动观众的点赞和评论欲望

图 1-2　提高关键指标权重的方法

当然，除了上面的5个核心参数会影响抖音账号权重外，用户还可以从内容方面来增加作品的隐性权重，如图1-3所示。当然，算法机制只是为爆款指明了方向，内容才是通向成功的大道，好的内容才能带来更多的流量。

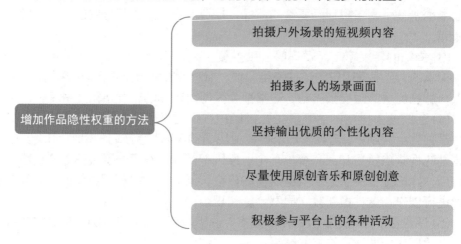

图1-3　增加作品隐性权重的方法

1.2　了解上热门的原则以加热视频

对于上热门，抖音官方做了一些基本要求，这些是大家做好抖音必须要知道的基本原则。

1.2.1　内容原创

抖音上热门的第一个要求就是：视频必须为个人原创。很多人开始做抖音原创之后，不知道拍摄什么内容，其实内容的选择没那么难，这可以从以下几方面入手。

- 记录生活中的趣事。
- 学习热门的舞蹈、手势舞等。
- 配表情系列，利用丰富的表情和肢体语言。
- 旅行记录，将所看到的美景通过视频展现出来。

另外，可以换位思考下，如果自己是粉丝，希望看什么内容？即使不换位思考，也可以回顾一下，我们爱看什么内容的抖音？搞笑的内容肯定是爱看的，如果一个人拍的内容特别有意思，用户绝对会点赞和转发，还有情感的、励志的、"鸡汤"的内容等，只要能够引起用户的共鸣，就会有用户愿意关注。

上面的这些内容属于广泛关注的，还有细分的内容。例如，某个用户正好需要买车，那么关于鉴别车辆好坏的视频就成为他（她）关注的内容了；再例如，某人比较胖，想减肥，那么减肥类的内容他（她）也会特别关注。所以，这就是要关注的内容，同样也是创作者应该把握的原创方向。看自己选择什么领域，那么就做这个领域人群关注的内容。

1.2.2　视频完整

短视频虽然时间短，但也一定要保证视频时长和内容完整性，视频短于 7 秒是很难被推荐的。保证视频时长才能保证视频的基本可看性，内容演绎得完整才有机会上推荐。如果视频内容卡在一半就结束了，就会影响用户的观看心理。

为了保证发布的内容是完整的，抖音运营者（下文称：抖音电商运营者）可以重点做好两个方面的工作。一是通过前期策划，对需要拍摄的内容进行合理的规划；二是同样的内容，有条件的话，可以多拍几条，从中选择相对完整的。

1.2.3　没有水印

抖音中的热门视频不能带有其他 App 水印，而且使用不属于抖音的贴纸和特效，这样的视频可以发布，但不会被平台推荐。除此之外，将其他账号已经发布的抖音短视频直接复制并进行发布，视频画面中左上角或右下角会出现原账号的相关信息，如图 1-4 所示。这一类短视频因为是直接搬运，所以通常也不会被平台推荐。

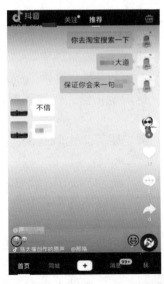

图 1-4　短视频中出现其他抖音号水印

抖音运营者在上传短视频的过程中，一定要先检查内容，如果发现有水印，可以通过相关软件去除水印之后再上传短视频。

1.2.4　内容质量高

　　即使是抖音这种追求颜值和拍摄质量的平台，内容也永远是最重要的，因为只有吸引人的高质量内容，才能让人有观看、点赞和评论的欲望。爆款视频，肯定是由好的作品质量来做支撑的。

　　抖音短视频吸引粉丝是个漫长的过程，所以抖音运营者要循序渐进地推出一些高质量的视频，学会维持和粉丝的亲密度。多学习一些比较火的视频拍摄手法及选材，相信通过个人的努力，也能拍摄出火爆的抖音视频。

1.3　通过热门内容打造爆款视频

　　不管是做电商营销、自媒体，还是做"抖商"，对于那些爆款产品一定要时刻保持敏锐的嗅觉，及时地去研究、分析、总结他们背后成功的原因。不要一味地认为那些成功的人都是运气好，而要思考和总结他们是如何成功的，多积累成功的经验，站在"巨人的肩膀"上，才能看得更高、更远，才更容易超越他们。下面总结了抖音短视频的 8 大热门内容类型，提供给大家作为参考。

1.3.1　高颜值

　　为什么把"高颜值"的帅哥美女摆在第一位，原因很简单，就是通过抖音的粉丝作为依据，这也是最有力的依据了。根据 2019 年 10 月 9 日的数据显示，抖音粉丝排行第一名是"陈赫"，第二名是"Dear- 迪丽热巴"，他们的粉丝数量都超过了 5000 万，如图 1-5 所示。不可否认的是，这两人的颜值都比较高，而且他们获得的点赞数据都超过了 1 亿，这说明粉丝的黏性非常强，也非常活跃。

　　抖音粉丝数前十的还包括 Angelababy、郭聪明等。也就是说，抖音粉丝前十的账号，"高颜值"类的就占据了半壁江山。

　　由此可见，在抖音平台上，美是第一生产力，爱美之心，人皆有之，"颜值"就是抖音最好的营销利器。抖音的主要用户以 24 岁以下的年轻女性为主，这些小女生喜欢长得好看的"小哥哥和小姐姐"。

　　抖音上最火的一类视频就是那些长得漂亮的帅哥、美女唱唱跳跳的视频，那些帅哥、美女，无论拍什么都有一堆人看。当然，不仅仅是美女和帅哥，只要是看起来很美的东西，都可以拍摄下来，自己爱看的肯定其他人也愿意看。

图 1-5　"高颜值"的主播非常容易吸粉

1.3.2　炫技能

在打造抖音内容时，只要专注于一件事，然后把这件事做到极致，就能带来口碑，口碑在如今这个互联网时代能快速扩散，形成广泛影响力。技能表现在抖音和电视综艺节目上就是展现各种绝活、技巧，图 1-6 所示为一则关于剥虾技能的短视频。当然，很多技能绝活都是用户在工作和生活中，经过长期训练才能做到的，普通用户切不可轻易模仿。

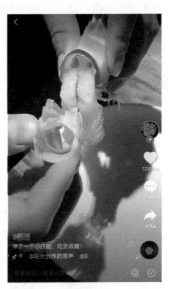

图 1-6　通过短视频炫技能吸引众人关注

下面收集了一些爆红抖音的整理技能，如图1-7所示，对大家肯定会有所启发。有一句俗话"一招鲜，吃遍天"，欧阳修的《卖油翁》也说了"无他，但手熟尔"，因此只要你能把一件事做到极致，就会被他人关注到，并传播出去。炫技能的短视频内容，无论是在抖音，还是在西瓜视频，或者在其他的视频平台，都会有很好的播放量。

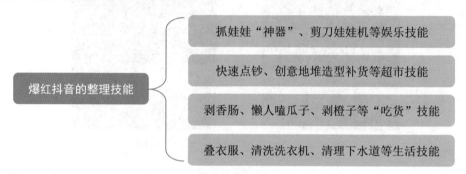

图1-7 爆红抖音的整理技能示例

1.3.3 才艺展示

才艺可不仅仅是唱歌跳舞，只要是自己会的，但很多人不会的技能，都可以叫作才艺，如美妆、乐器演奏、相声、脱口秀、口技、书法、绘画、驯兽、手工、射击、杂技、魔术以及即兴表演等。秀出自己的独特才艺，秀出与众不同的想法，都是快速上热门推荐的方法。下面分析和总结了一些抖音"大V"们的不同类型的才艺内容，看看他们是如何成功的。

1. 演唱才艺

冯提莫不仅拥有较高的颜值，而且唱歌非常好听，还曾在各种歌唱节目中现身，可见实力非凡。她凭借独特的街头直播形式和动听歌声，吸引了很多粉丝的关注。这也让她从默默无闻到拥有了超过3000万抖音粉丝，如图1-8所示为冯提莫的抖音个人主页。

2. 舞蹈才艺

代古拉k给抖音用户留下深刻记忆的除了她动感的舞蹈，还有单纯美好的甜美笑容。代古拉k的真名叫代佳莉，是一名职业舞者，她拍的舞蹈视频很有青春活力，给人朝气蓬勃、活力四射的感觉，因此在抖音上迅速走红，如图1-9所示为代古拉k的相关短视频。

代古拉k在成名前，除了短视频平台之外，从未参加过任何综艺节目，如今也踏上了《快乐大本营》的舞台，前途不可限量。要知道"网红"能登上电视，这就是对她本身的一种肯定，对自身的知名度也有一定的影响。

图 1-8　冯提莫的抖音个人主页

图 1-9　代古拉 k 的相关短视频

抖音的短视频信息传播方式，可以帮助打造 IP（即塑造品牌、树立标签）吸引相同价值观的粉丝，实现大范围的精准营销变现。随着泛娱乐时代的到来，IP 全产业链价值正在被深度挖掘，那些成名的抖音达人变现的机会也会越来越多。

1.3.4　美景美食

关于"美"的话题，从古至今，有众多与之相关的，如沉鱼落雁、闭月羞花、倾国倾城等，除了表示其漂亮外，还附加了一些漂亮所引发的效果在内。可见，颜值高，还是有着一定影响力的，有时甚至会起决定作用。

这一现象同样适用于抖音引流。当然，这里的"美"并不仅仅是指人，它还包括美景、美食等。抖音电商运营者可以通过在短视频中将美景和美食进行展示，让抖音用户共同欣赏。

从人的方面来说，除了先天条件外，想要变美，有必要在自己所展现出来的形象和妆容上下功夫：让自己看起来显得精神，有神采，而不是一副颓废的样子，这样也能明显提升颜值。

从景物、食物等方面来说，是完全可以通过其本身的美再加上高深的摄影技术来实现的，如精妙的画面布局、构图和特效等，就可以打造一个高推荐量和高播放量的短视频文案。图 1-10 所示为有着高颜值的美食、美景短视频内容。

图 1-10　关于美食、美景的短视频

随着抖音的火爆，很多"网红"景点顺势打造爆款 IP。例如，赵雷的《成都》这首歌里唱的"玉林路"和"小酒馆"等地点，让不少年轻人慕名前往。这样的例子数不胜数，如"《西安人的歌》＋摔碗酒"成就了西安旅行大 IP，"穿楼而过的轻轨 ＋8D 魔幻建筑落差"让重庆瞬间升级为超级"网红"城市，"土耳其冰淇淋"让本就红火的厦门鼓浪屿吸引了更多慕名而来的游客。"网红"经济时代的到来，城市地标不再只是琼楼玉宇，它还可以是一面墙、一首歌、一座码头。

"抖音同款"为城市找到了新的宣传突破口，通过一个个短视频，城市中每个具有代表性的吃食、建筑和工艺品都被高度地提炼，配以特定的音乐、滤镜和特效，进行重新演绎，呈现出了超越文字和图片的感染力。在过去，人们要描绘"云想衣裳花想容"这样的画面，只有通过繁复的解释和描绘，但现在在抖音上发布一个汉服古装的挑战，人们就能通过这些不超过 1 分钟的短视频，了解到其内涵。

1.3.5 萌娃萌宠

广告里有一个 3B 法则——Beauty 美女、Beast 野兽、Baby 婴儿，这三者最能吸引人的视觉注意，并且唤起人们强烈的情绪反应。当然，Beast 野兽要区分一下，一类是凶猛且富于攻击性的野兽，一类则是可爱的小动物，比如猫、狗、兔等。在抖音上面，可爱的"萝莉"、小动物和婴儿的视频，也是非常火的一大类。

为什么这些内容会火呢？因为"萌"。最初，"萌"仅用来形容动漫中那些单纯可爱、犹如萌芽般的小萝莉，以表达对二次元美少女角色的类似恋爱的喜爱之情。后来"萌"从虚拟走向现实，又被用来形容真人、小动物和物品等。

1. 萌妹子

"萌"系角色的性格特征，核心是一个"娇"字，关键词包括娇气、撒娇、傲娇、娇蛮、温柔、害羞、"治愈""天然呆"等。也就是说，它唤起的是人们一种怜爱和保护之情，一种强者对弱者的感情。

抖音上的各种"萝莉"都非常火，如她们不仅有着非常性感迷人的身材，而且风格很二次元，经常穿着"lo 服"，甜美的造型加上萌妹的身材，很受宅男网友的欢迎。例如，"蔡萝莉"凭借着好身材、高颜值以及 COS(Costume 的简略写法，指角色扮演) 各种类型人物，在抖音上受到了极大关注，如图 1-11 所示为"蔡萝莉"的相关短视频。

图 1-11 "蔡萝莉"的相关短视频

2. 萌娃、萌装扮

除了"小萝莉"外，还有"萌娃"自带闪亮光环，不管是年轻人还是老人，可爱的小宝宝都能吸引他们的目光。另外，还有一些可爱的人偶、布娃娃和装饰物等装扮也可以作为"萌"系的内容，会更容易吸引大家的关注。

如"传单熊"就曾在抖音上引起轩然大波，同时引发了大批用户模仿拍摄，如图 1-12 所示。

图 1-12 "传单熊"的相关短视频

3. 萌宠

比较可爱的萌宠有小猫咪、小狗和小猴子等，因为宠物本身就是可爱至极，有很多人都愿意养宠物，小萌宠看起来就能让人生起怜爱。如果你也有可爱的小狗或小猫等宠物，不妨拍摄它们生活中可爱好玩的视频。在拍摄时要挖掘宠物搞笑的点，找到可以让人耳目一新的场景。相信萌宠们憨态可掬的样子，肯定会让网友喜欢并忍不住点赞分享。

自从抖音转型"记录美好生活"后，便与宠物有着"难解难分"的缘分，并诞生了一大批萌萌的可爱"网红"。例如，"金毛蛋黄"粉丝数超过了 2000 万，内容主要记录"金毛蛋黄"生活中遇到的趣事，视频中经常出现抖音上的"热梗"，配以"戏精"主人的表演，给人以轻松愉悦之感，如图 1-13 所示。

要想成为一名出色的萌宠类播主，就得重点掌握一些内容策划的技巧。同样的内容，通过以下技巧方式的加工，效果自然提升。

（1）将宠物拟人化。拟人化的宠物，在内容创作上有很大的联想空间，宠物本身的萌属性也会为各种剧情设计增色。同时，给拟人化的宠物撰写搞笑生动的对白会增加视频的趣味性。

图 1-13　"金毛蛋黄"的相关短视频

(2) 让宠物拥有"一技之长"。例如，"东门魏官人"家的猫咪，最初就是在主人的引领下跳"海草舞"，成为抖音上实至名归的"喵界舞王"，让猫咪跳舞成为 IP 特色。

(3) 宠物特色不够，主人来凑。如果你有高颜值或者迷人的好声音，宠物同样可以在萌系属性的加持下获得人气，"安生的爸爸""粽子他爹哦~"以及"拎壶冲"都是很好的例子。

(4) 给宠物加戏。这种类型比较有代表性的播主就是"蛋不安静"了，拥有前后反差的萌猫咪戏剧性十足，能够形成期待感，吸引大家关注。

1.3.6　幽默搞笑

幽默搞笑类的内容一直都不缺观众。许多用户之所以经常刷抖音，主要就是因为抖音中有很多短视频内容能够逗人一笑。所以，那些笑点十足的短视频内容，很容易在抖音中被引爆。

如图 1-14 所示为短视频中，用龙虾壳组成了一个形象，并且用文字进行了相关的说明。抖音用户看到该短视频之后不禁莞尔一笑，甚至有的抖音用户直接进行了转发，而该短视频也在抖音中快速走红。

图 1-14　幽默搞笑型短视频

1.3.7　知识输出

如果抖音用户在看完短视频之后，能够获得一些知识，那么，抖音用户自然会对发布的短视频感兴趣。

许多人觉得化学这门学科学习起来比较难，也很难对它提起兴趣。而"向波老师"便结合世间万物将化学知识进行输出，让原本枯燥的课程变得具有趣味性。所以，其发布的短视频很容易就吸引了大量抖音用户。如图 1-15 所示为"向波老师"发布的相关短视频。

图 1-15　"向波老师"发布的相关短视频

1.3.8 普及推广

有时候专门拍摄短视频内容比较麻烦，如果抖音电商运营者能够结合自己的兴趣爱好和专业打造短视频内容，就大众比较关注的一些方面进行有针对性的普及，那么，短视频的制作就会变得容易。而且如果抖音用户觉得抖音电商运营者普及的内容具有收藏价值，他们不仅会乐意给短视频点赞，而且也会主动转发推广。

例如，"酷狗音乐"主要是对音乐进行普及，"手机摄影构图大全"主要是对摄影技巧进行普及。因为音乐和摄影都有广泛的受众，而且其分享的内容对于抖音用户也比较有价值，所以，这两个抖音号发布的短视频内容都得到了不少抖音用户的支持。如图 1-16 所示为这两个抖音号发布的短视频。

图 1-16　普及推广型短视频

1.4　借助实用技巧引爆视频流量

从 2017 年下半年到 2019 年上半年，在不到两年的时间里，抖音完成了自己的进化，从最初以运镜、舞蹈为主的短视频内容，到如今的旅行、美食、正能量、萌宠、搞笑以及创意等多元化的短视频内容。

虽然每天都有成千上万的"豆芽"（指抖音的用户）将自己精心制作的视频上传到抖音平台上，但被标记为精选和上了热门的视频却寥寥无几，到底怎样引爆视频流量，让视频被抖音平台推荐呢？本节将介绍相关的实用技巧。

1.4.1 传递正能量

什么是正能量？百度百科给出的解释是："正能量指的是一种健康乐观、积极向上的动力和情感，是社会生活中积极向上的行为。"接下来，将从3个方面结合具体案例进行解读，让大家了解什么样的内容才是正能量的内容。

1. 好人好事

好人好事包含的范围很广，它既可以是见义勇为，为他人伸张正义；也可以是拾金不昧，主动将财物交还给失主；还可以是看望孤寡老人，关爱弱势群体，如图1-17所示。

图1-17　弘扬正能量的短视频

抖音用户在看到这类视频时，会从那些做好人好事的人身上看到善意，感觉到这个社会的温度。同时，这类视频很容易触及抖音用户柔软的内心，让抖音用户看后忍不住想要点赞。

2. 文化内容

文化内容包含了书法、乐趣和武术等。这类内容在抖音上具有较强的号召力。如果抖音电商运营者有文化内容方面的特长，可以用抖音短视频的方式展示给抖音用户，让抖音用户感受到文化的魅力。如图1-18所示的抖音短视频中，便是通过展示文化内容来让抖音用户感受文化魅力的。

3. 努力拼搏

当抖音用户看到短视频中那些努力拼搏的身影时，会感受到满满的正能量，这会让抖音用户在深受感染之余，从内心产生一种认同感。而在抖音中表达认同最直接的一种方式就是点赞，因此，那些传达努力拼搏精神的短视频，通常比较容易获得较高的点赞量。

图 1-18　展示文化内容的短视频

1.4.2　展示美好生活

生活中处处充满美好，缺少的只是发现美的眼睛。用心记录生活，生活也会时时回馈给我们惊喜。下面来看看这些抖音上的达人是如何拍摄平凡的生活片段，来吸引大量粉丝关注的。

有时候，在不经意之间会发现一些平时看不到的东西，此时这些新奇的事物便有可能带给我们美的享受。例如，一位摄影师看到了一种绚烂整个天空的烟花，便将其拍了下来。当抖音用户对烟花绽放的美好画面赞叹不已时，就会纷纷点赞、转发，如图 1-19 所示。

生活当中的美好涵盖的面非常广，一些生活中的真善美也属于此类。例如，一个老板看到有位男士生活比较艰难，鞋子都穿不上了。于是这位老板回家拿了一双鞋子送给这位男士。抖音用户在看到该老板的做法之后，纷纷为其善心点赞，如图 1-20 所示。

图1-19　关于绚烂烟花的短视频

图1-20　传达善心的短视频

1.4.3　融入独特创意

俗话说"台上十分钟，台下十年功"，抖音上有创意和脚踏实地的短视频内容从不缺少粉丝的点赞和喜爱。

例如，一位抖音用户用南瓜给小狗造了一个特色的窝，抖音用户看到之后，纷纷为其创意点赞，如图 1-21 所示。

图 1-21　展示创意狗窝的短视频

抖音电商运营者也可以结合自身优势，打造出创意视频。例如，一名擅长做雕塑的运营者，拍摄了一条展示雕塑作品的短视频。抖音用户在看到该短视频之后，因其独特的创意和高超的技艺而纷纷点赞，如图 1-22 所示。

图 1-22　展示雕塑作品的短视频

除了展示各种技艺之外，抖音电商运营者还可以通过一些奇思妙想，打造生活小妙招。例如，一位抖音电商运营者通过展示捡来的石头的多种妙用，获得了超过 43 万的点赞，如图 1-23 所示。

图 1-23　展示捡来的石头的妙用短视频

创意类内容包含一些"脑洞"大开的段子、恶搞视频、日常生活中的创意等，出其不意的反转格外吸睛，即使是相似的内容也能找到不同的笑点。

用户产生点赞的行为通常有两个出发点，一种是对视频内容的高度认可和喜欢，另外一种是害怕以后再也刷不到这条视频，所以要进行收藏。搞笑视频则更偏向于前者，分享门槛低，可以说是最容易激起转发欲望的一种视频类型了。

1.4.4　设计反转剧情

拍摄抖音视频时，出人意料的结局反转，往往能让人眼前一亮。在拍摄时要打破常规惯性思维，使用户在看开头时猜不透结局的动向。当看到最终结果时，便会豁然开朗，忍不住为其点赞。

有的销售员喜欢以貌取人，于是部分抖音视频用户据此拍摄了相关的短视频。例如，一位老人到某车行买车，但是，销售员在看到老人的穿着之后，认为老人买不起，便对老人言语不善。结果老人的儿子来了之后，销售员才知道，整间车行都是老人儿子的，如图 1-24 所示。

很多爆款视频如果仔细研究下，可以看到开头前 3 秒的内容基本都是经过精心设计的。比如，在抖音上疯狂吸粉的"七舅脑爷"，在最后 5 秒之内一定有反转的剧情。

图 1-24　老人买车的反转短视频

1.4.5　紧跟热门话题

很多用户参加了抖音上的挑战赛，"热梗"也玩了不少，视频都是原创，制作还很用心，但为什么就是得不到系统推荐，点赞数也特别少呢？

一条视频想要在抖音上火起来，除"天时、地利、人和"以外，还有两条最重要的"秘籍"，一是要有足够吸引人的全新创意，二是内容的丰富性。要做到这两点，最简单的方法就是紧抓官方热点话题，这里不仅有丰富的内容形式，而且还有大量的新创意玩法。

抖音上每天都会有不同的挑战，用户发布视频的时候可以添加一个挑战话题，优秀视频会被推荐到首页，会让你的视频曝光率更高，也会引来相同爱好者的更多点赞与关注。

那么，抖音电商运营者要如何紧跟官方的热门话题发布相关的短视频呢？接下来讲解具体的操作步骤。

步骤 01　登录抖音短视频 App，点击播放界面中的 🔍 按钮，如图 1-25 所示。

步骤 02　进入抖音发现界面，向上滑动界面之后可以看到"发现精彩"版块，该版块中会向抖音用户展示一些热门话题，如图 1-26 所示。

步骤 03　选择一个热门话题，点击进入，便可查看该话题的相关视频。如图 1-27 所示为"＃别肝了都听我的"话题的相关界面。

步骤 04　如果抖音用户要拍摄与该话题相关的短视频，只需点击话题界面的"参与"按钮，并拍摄视频，发布短视频时系统便会自动显示话题的名称，如

图 1-28 所示。

图1-25　点击◎按钮

图1-26　"发现精彩"版块

图1-27　"＃别肝了都听我的"话题的相关
　　　　界面

图1-28　自动显示话题的名称

步骤 05　视频发布完成之后，在个人主页的作品一栏中，将出现短视频的相关信息，如图 1-29 所示。

步骤 06　点击刚刚发布的短视频，如果界面中显示了话题名称，就说明结合热门话题的短视频发布成功了，如图 1-30 所示。

图 1-29　个人主页出现发布的作品

图 1-30　视频中显示话题名称

第 2 章

迅速增粉，从其他平台引流成为大号

学前提示

有的抖音电商运营者可能已经拥有了一定的粉丝量，但是目前却处于粉丝量缓速增长阶段。此时，抖音电商运营者便可以通过从别的平台引进流量的方式，让自己的抖音号快速成为一个大号。

本章将对 5 种平台分别为大家介绍抖音引流增粉的技巧，帮助大家更好地打造抖音大号。

要点展示

- 从社交平台引流
- 从资讯平台引流
- 从视频平台引流
- 从音乐音频平台引流
- 从线下平台引流

2.1 从社交平台引流

许多热门社交平台中通常都聚集了大量用户。对于抖音电商运营者来说，这些社交平台潜藏着大量的粉丝，如果能够通过一定的方法将这些社交平台的流量引至抖音，便可以实现粉丝量的快速增长。

2.1.1 微信引流

微信平台引流主要可以从两个方面进行，一是公众号引流，二是朋友圈引流。

1. 公众号引流

微信公众号，从某一方面来说，就是一个个人、企业等主体进行信息发布并通过运营来提升知名度和品牌形象的平台。抖音电商运营者如果要选择一个用户基数大的平台来推广短视频内容，且期待通过长期的内容积累构建自己的品牌，那么微信公众号是一个理想的传播平台。

在微信公众号上，抖音电商运营者如果想要借助短视频进行推广，可以采用多种方式来实现。其中，使用最多的有两种，即"标题＋短视频"形式和"标题＋文本＋短视频"形式。图2-1所示为在微信公众号借助短视频进行推广引流的案例。

图2-1 微信公众号借助短视频进行推广引流的案例

然而不管采用哪一种形式，其都是能清楚地说明短视频内容和主题思想的推广方式。且在借助短视频进行推广时，也并不局限于某一个短视频的推广，如果抖音电商运营者打造的是有着相同主题的短视频系列，还可以把视频组合在一篇文章中联合推广，这样更能有助于受众了解短视频及其推广的主题。

2. 朋友圈引流

朋友圈这一平台，对于抖音电商运营者来说，它虽然一次性传播的范围较小，但是从对接收者的影响程度来说，却具有其他一些平台无法比拟的优势。

(1) 用户黏性强，很多人每天都会去翻阅朋友圈；

(2) 朋友圈好友间的关联性、互动性强，可信度高；

(3) 朋友圈用户多，覆盖面广，二次传播范围大；

(4) 朋友圈内转发和分享方便，易于短视频内容传播。

那么，在朋友圈中进行抖音短视频推广，抖音电商运营者应该注意什么呢？大家不妨从以下方面重点关注。

(1) 抖音电商运营者在拍摄视频时要注意开始拍摄时画面的美观性。因为推送到朋友圈的视频，是不能自主设置封面的，它显示的就是开始拍摄时的画面。当然，抖音电商运营者也可以通过视频剪辑的方式保证推送视频"封面"的美观度。

(2) 抖音电商运营者在推广短视频时要做好文字描述。因为一般来说，呈现在朋友圈中的短视频，好友看到的第一眼就是其"封面"，没有太多信息能让受众了解该视频内容，因此，在短视频之前，要把重要的信息放上去，如图2-2所示。这样的设置，一来有助于受众了解短视频，二来设置得好，可以吸引受众点击播放。

(3) 抖音电商运营者利用短视频推广商品时要利用好朋友圈的评论功能。朋友圈中的文本如果字数太多，是会被折叠起来的，为了完整展示信息，抖音电商运营者可以将重要信息放在评论里进行展示，如图2-3所示。这样就会让浏览朋友圈的人看到推送的有效文本信息。这也是一种比较明智的推广短视频的方法。

图2-2　做好重要信息的文字表述

图2-3　利用好朋友圈的评论功能

2.1.2　QQ 引流

腾讯 QQ 有两大引流利器，一是 QQ 群，二是 QQ 空间。

1. QQ 群引流

无论是微信群还是 QQ 群，如果没有进行设置"消息免打扰"的话，群内任何人发布信息，群内其他人是会收到提示信息的。因此，与朋友圈和微信订阅号不同，通过微信群和 QQ 群推广短视频，可以让推广信息直达受众，受众关注和播放的可能性也就更大。

且微信群和 QQ 群内的用户都是基于一定目标、兴趣而聚集在一起的，因此，如果抖音电商运营者推广的是专业类的视频内容，那么可以选择这一类平台。

另外，相对于微信群需要推荐才能加群而言，QQ 群明显更易于添加和推广。目前，QQ 群分出了许多热门分类，抖音电商运营者可以通过查找同类群的方式，加入进去，然后再通过短视频进行推广。QQ 群推广方法主要包括 QQ 群相册、QQ 群公告、QQ 群论坛、QQ 群共享、QQ 群动态和 QQ 群话题等。

如果利用 QQ 群话题来推广短视频，那么抖音电商运营者可以通过相应人群感兴趣的话题来引导 QQ 群用户的注意力。如在摄影群里，可以首先提出一个摄影人士普遍认为比较有难度的摄影场景，引导大家评论，然后抖音电商运营者再适时分享一个能解决这一摄影问题的短视频。这样的话，有兴趣的受众一定不会错过。

除此之外，抖音电商运营者还可以借助抖音的视频转发功能，将抖音短视频及抖音账号等信息传达给 QQ 群成员，具体操作如下。

步骤 ⑴ 登录抖音短视频 App，进入需要转发的视频的播放界面，点击 按钮，如图 2-4 所示。

步骤 ⑵ 操作完成后，将弹出"分享到"对话框。在该对话框中，抖音电商运营者可以选择转发分享的平台。抖音电商运营者可以选择分享给 QQ 好友，如图 2-5 所示。

虽然上面写的是 QQ 好友，但是，如果抖音电商运营者要将抖音短视频分享至 QQ 群同样可以选择该项进行操作。

步骤 ⑶ 操作完成后，抖音短视频将会保存至相册。抖音短视频保存完毕后，将弹出"已保存至相册"对话框，点击对话框中的"继续分享到 QQ"按钮，如图 2-6 所示。

步骤 ⑷ 操作完成后，弹出"'抖音短视频'想要打开'QQ'"对话框，点击对话框中的"打开"按钮，如图 2-7 所示。

图 2-4　点击 按钮

图 2-5　点击"QQ 好友"按钮

图 2-6　点击"继续分享到 QQ"按钮

图 2-7　点击"打开"按钮

步骤 ⑤　进入 QQ，选择需要转发抖音短视频的对象，如图 2-8 所示。

步骤 ⑥　进入 QQ 群聊天界面，点击 按钮；在弹出的对话框中选择刚刚保存的抖音短视频；点击"发送"按钮，如图 2-9 所示。

步骤 ⑦　操作完成后，如果 QQ 群聊天界面中显示了需要转发的抖音短视频，就说明抖音短视频转发成功了，如图 2-10 所示。此时，如果 QQ 群成员点击该抖音短视频，就可以全屏查看抖音短视频的内容，与此同时，分享的抖音短视频在播放时还将显示抖音号等信息，如图 2-11 所示。如果 QQ 群成员对短视频中的商品或相关内容感兴趣，也会直接在抖音中搜索抖音号，这便起到了很好的引流的作用。

图 2-8　选择需要转发抖音短视频的对象

图 2-9　点击"发送"按钮

图 2-10　显示需要转发的抖音短视频

图 2-11　全屏查看及显示抖音号

2．QQ 空间引流

QQ 空间是抖音电商运营者可以充分利用的一个好地方。当然，抖音电商运营者首先应该建立一个与抖音运营账号相同的 QQ 号的昵称，这样才能更有利于积攒人气，吸引更多人前来关注和观看。下面介绍的 7 种常见的 QQ 空间推广方法，不仅操作便捷而且同样可以起到引流作用。

（1）QQ 空间链接推广：利用"小视频"功能在 QQ 空间发布抖音短视频，QQ 好友可以点击查看；

（2）QQ 认证空间推广：订阅与产品相关的人气认证空间，更新动态时可以马上评论；

（3）QQ 空间生日栏推广：通过"好友生日"栏提醒好友，引导好友查看你的动态信息；

（4）QQ 空间日志推广：在日志中放入短视频抖音账号的相关资料，更好地吸引受众的关注度；

（5）QQ 空间说说推广：QQ 签名同步更新至说说上，用一句有吸引力的话激起受众的关注；

（6）QQ 空间相册推广：很多人加 QQ 都会查看相册，所以，相册也是一个很好的引流工具；

（7）QQ 空间分享推广：利用分享功能分享短视频信息，好友点击标题即可进行查看。

2.1.3 微博引流

在微博平台上，抖音电商运营者进行短视频推广，除了微博用户基数大外，主要还是依靠两大功能来实现其推广目标，即"@"功能和热门话题。

首先，在进行微博推广的过程中，"@"功能非常重要。在博文里可以"@"明星、媒体、企业，如果媒体或名人回复了你的内容，就能借助他们的粉丝扩大自身的影响力。若明星在博文下方评论，则会受到很多粉丝及微博用户关注，那么短视频定会被推广出去。

图 2-12 所示为"adidasOriginals"通过"@"某明星来推广短视频和产品以及吸引用户关注的案例。

其次，微博"热门话题"是一个制造热点信息的地方，也是聚集网民数量最多的地方。抖音电商运营者要利用好这些话题，推广自己的短视频，发表自己的看法和感想，提高阅读和浏览量。

图 2-12　"adidasOriginals"通过"@"功能吸引用户关注的案例

2.2　从资讯平台引流

除了社交平台之外，一些资讯平台也是抖音电商运营者挖掘潜在粉丝的重要渠道。那么，如何从资讯平台引流到抖音呢？这一节，将以今日头条、一点资讯和百度这 3 个平台为例进行说明。

2.2.1　今日头条引流

今日头条是一款基于用户数据行为的推荐引擎产品，同时也是短视频内容发布和变现的一个大好平台，可以为消费者提供较为精准的信息内容。虽然今日头条在短视频领域布局了 3 款独立产品（西瓜视频、抖音短视频、火山小视频），但同时也在自身 App 推出了短视频功能。

抖音电商运营者通过今日头条平台发布抖音短视频，从而达到引流的目的，下面介绍具体的操作方法。

步骤 01　登录今日头条 App，点击右上角的"发布"按钮，如图 2-13 所示。

步骤 02　进入拍摄界面，可以选择点击下方的圆形按钮直接进行拍摄，也可以从相册中选择保存在本地的视频进行发布。如果选择保存在本地的视频进行发布，需要点击拍摄界面中的"上传"按钮，如图 2-14 所示。

步骤 03　执行操作后，进入如图 2-15 所示的视频选择界面，选择需要发布的视频；点击"下一步"按钮。

步骤 04　执行操作后，抖音电商运营者可以查看视频内容，确认无误后，点击"下一步"按钮，如图 2-16 所示。

图 2-13　点击"发布"按钮

图 2-14　拍摄界面

图 2-15　"相册"视频选择界面

图 2-16　点击"下一步"按钮

步骤 05　执行操作后，进入如图 2-17 所示的"发布"界面，编辑文字内容（如果不想编辑，也可跳过这一步）；点击"发布"按钮。

步骤 06　执行操作后，抖音电商运营者发布的短视频就会出现在"推荐"界面中，如图 2-18 所示。

图 2-17 "发布"界面

图 2-18 视频出现在"推荐"界面中

除了发布抖音短视频引流之外，拥有头条号的抖音电商还可以借助绑定今日头条实现粉丝的快速增长。那么，抖音如何绑定今日头条呢？下面进行具体操作介绍。

步骤 01 登录抖音短视频 App，进入"设置"界面，选择"账号与安全"选项，如图 2-19 所示。

步骤 02 进入"账号与安全"界面，选择界面中的"第三方账号绑定"选项，如图 2-20 所示。

图 2-19 选择"账号与安全"选项

图 2-20 选择"第三方账号绑定"选项

步骤 03 进入"第三方账号绑定"界面，选择界面中的"今日头条"选项，如图 2-21 所示。

步骤⑭ 进入今日头条登录界面，输入手机号和验证码；点击"进入头条"按钮，如图 2-22 所示。

图 2-21 选择"今日头条"选项　　　　图 2-22 点击"进入头条"按钮

步骤⑤ 进入如图 2-23 所示的今日头条授权登录界面，点击界面中的"授权并登录"按钮。

步骤⑥ 操作完成后，返回"第三方账号绑定"界面。此时，界面中如果弹出"绑定成功"对话框，就说明绑定成功了。绑定完成后，抖音电商运营者还可点击对话框中的"开启同步"按钮，进行视频的同步，如图 2-24 所示。

图 2-23 点击"授权并登录"按钮　　　图 2-24 弹出"绑定成功"对话框

步骤 07 操作完成后，同步按钮将显示开启，如图 2-25 所示。另外，此时返回"设置"界面，抖音电商运营者会看到界面中多了一个"账号互通"版块，如图 2-26 所示。

图 2-25 同步按钮显示开启

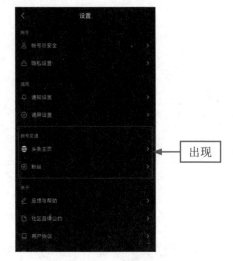

图 2-26 出现"账号互通"版块

2.2.2 一点资讯引流

一点资讯是一款基于兴趣推荐的平台，主要特色为搜索与兴趣结合、个性化推荐、用户兴趣定位精准等。一点资讯平台的收益方式主要是平台分成和"点金计划"。

借助"点金计划"，抖音电商运营者发布短视频等内容不仅可以起到引流推广的作用，还能获得一定的收益。当然，如果抖商想要通过此渠道获取收益，是需要向平台方提出申请的，申请通过后才可以盈利。

那么，如何在一点资讯中通过发布抖音短视频进行引流呢？下面介绍具体操作步骤。

步骤 01 登录一点资讯 App，点击"首页"界面的 ⊙ 按钮；在弹出的选项栏中选择"发视频"选项，如图 2-27 所示。

步骤 02 进入"最近项目"界面，选择需要发布的短视频，如图 2-28 所示。

图 2-27 选择"发视频"选项

图 2-28 选择需要发布的短视频

步骤 03 进入视频预览界面，确认视频无误后，点击右上方的"下一步"按钮，如图 2-29 所示。

步骤 04 进入视频处理界面，完成处理后，点击右上方的"下一步"按钮，如图 2-30 所示。

图 2-29 视频预览界面

图 2-30 视频处理界面

步骤 05 进入"发布"界面，在该界面中设置短视频主题等信息，点击"发布"按钮，如图 2-31 所示。

步骤 06 操作完成后，手机页面自动跳转至"小视频"界面，与此同时，刚刚发布的短视频将出现在该界面的左上方，如图 2-32 所示。

图 2-31 点击"发布"按钮

图 2-32 视频出现在"小视频"界面中

2.2.3 百度引流

作为中国网民经常使用的搜索引擎之一，百度毫无悬念地成为互联网 PC 端强劲的流量入口。抖音电商运营者可从百度百科、百度知道和百家号这 3 个平台引流。

1. 百度百科

百科词条是百科营销的主要载体，做好百科词条的编辑对抖音电商运营者来说至关重要。百科平台的词条信息有多种分类，但对于抖音电商运营者引流推广而言，主要的词条形式包括以下 4 种。

（1）行业百科。抖音电商运营者可以以行业领头人的姿态，参与到行业词条信息的编辑，为想要了解行业信息的用户提供相关行业知识。

（2）企业百科。抖音电商运营者所在企业的品牌形象可以通过百科进行表述，例如，奔驰、宝马等汽车品牌，在这方面就做得十分成功。

（3）特色百科。特色百科涉及的领域十分广阔，例如，名人可以参与自己相关词条的编辑。

（4）产品百科。产品百科是消费者了解产品信息的重要渠道，能够起到宣传产品，甚至是促进产品使用和产生消费行为等作用。

对于抖音电商运营者引流推广而言，相对比较合适的词条形式无疑便是企业百科。图2-33所示为百度百科中关于"vivo"的相关内容，其采用的便是企业百科的形式。在该百科词条中，"vivo"这个名称多次出现，这便很好地增加了vivo这个品牌的曝光率。

图2-33 "vivo"的企业百科

2. 百度知道

百度知道在网络营销方面，具有很好的信息传播和推广作用，利用百度知道平台，通过问答的社交形式，可以对抖音电商运营者快速、精准地定位客户有很大帮助。百度知道在营销推广上具有两大优势：精准度和可信度高。这两种优势能形成口碑效应，对网络营销推广来说显得尤为珍贵。

通过百度知道来询问或作答的用户，通常对问题涉及的东西有很大兴趣。比如，有的用户想要了解"有哪些饮料比较好喝"，部分饮料爱好者可能就会推荐自己喜欢的饮料，提问方通常也会接受推荐去试用。

百度知道是网络营销的重要方式，因为它的推广效果相对较好，能为企业带来直接的流量和有效的外链接。基于百度知道而产生的问答营销，是一种新型的互联网互动营销方式，问答营销既能为抖音电商运营者植入软性广告，同时也能通过问答来挖掘潜在用户。图2-34所示为关于"华为手机"的相关问答信息。

下面这个问答信息中，不仅增加了"华为手机"在用户心中的认知度，更重要的是对某款手机的相关信息进行了详细的介绍。而看到该问答之后，部分用户便会对华为这个品牌产生一些兴趣，这无形之中便为该品牌带来了一定的流量。

图 2-34　"华为手机"在百度知道中的相关问答信息

3. 百家号

　　百家号是百度旗下的一个自媒体平台，于 2013 年 12 月正式推出。抖音电商运营者入驻百度百家平台后，可以在该平台上发布文章，然后平台会根据文章阅读量的多少给予抖音电商运营者收入，与此同时百家号还以百度新闻的流量资源作为支撑，能够帮助抖音电商运营者进行文章推广、扩大流量。

　　百家号上涵盖的新闻有 5 大模块，即科技版、影视娱乐版、财经版、体育版和文化版。且百度百家平台排版十分清晰明了，用户在浏览新闻时非常方便。在每个新闻模块的左边是该模块的最新新闻，右边是该模块新闻的相关作家和文章排行榜。

　　值得一提的是，除了对品牌和产品进行宣传之外，抖音电商运营者在引流的同时，还可以通过内容的发布，从百家号上获得一定的收益。总的来说，百家号的收益主要来自以下 3 大渠道。

　　(1) 广告分成：百度投放广告盈利后采取分成形式；

　　(2) 平台补贴：包括文章保底补贴和百＋计划、百万年薪作者的奖励补贴；

　　(3) 内容电商：通过内容中插入商品所产生的订单量和分佣比例来计算收入。

2.3　从视频平台引流

　　许多视频平台与抖音之间有共通之处，这就为抖音电商运营者从视频平台引流提供了便利。

2.3.1　优酷引流

优酷是国内成立较早的视频分享平台，其产品理念是"快者为王——快速播放，快速发布，快速搜索"，以此来满足多元化的用户需求，并成为了互联网视频内容创作者（在优酷中称为"拍客"）的集中营。

在优酷平台上，不管你使用的是专业摄像机，还是一部手机，也不管你是直接拍摄视频，还是将抖音等平台发布的短视频进行搬运，只要是喜欢拍视频的人，都可以成为"拍客"。

除了"拍客"频道外，优酷还推出了"创意视频"和"直播"等频道，来吸引那些喜欢创作并且热爱视频的用户。图 2-35 所示为"拍客"频道中关于伊利的视频截图，该视频中直接以广告的形式对伊利的相关产品进行了展示，从而增强了品牌的影响力和产品的吸引力。

图 2-35　"拍客"频道中关于伊利的视频截图

2.3.2　爱奇艺引流

爱奇艺是一个以"悦享品质"为理念的、创立于 2010 年的视频网站。在短视频发展如火如荼之际，爱奇艺也推出了信息流短视频产品和短视频业务，加入了短视频发展领域。

一方面，在爱奇艺 App 的众多频道中，有些频道就是以短视频为主导的，如大家喜欢的资讯、热点和搞笑等。另一方面，它专门推出了爱奇艺纳逗 App。这是一款基于个性化推荐的、以打造有趣和好玩资讯为主的短视频应用。

当然，在社交属性、娱乐属性和资讯属性等方面各有优势的短视频，爱奇艺选择了它的发展方向——娱乐性。无论是爱奇艺 App 的搞笑、热点频道，还是爱奇艺纳逗 App 中推荐的以好玩、有趣为主格调的短视频内容，都能充分地体现出来。

　　而对于抖音电商运营者来说，正是因为爱奇艺在某些频道上的短视频业务偏向和专门的短视频 App 开发，让他们找到了推广短视频的平台和渠道。同时，爱奇艺作为我国 BAT 三大视频网站之一，有着巨大的用户群体和关注度，因而如果以它为平台进行短视频运营推广，通常可以获得不错的效果。

　　如图 2-36 所示为百事可乐在爱奇艺上发布的一则广告视频的截图，该广告不仅插入部分影视剧的开头，还单独作为一个视频放置在爱奇艺中。而通过该视频在爱奇艺平台的推广，百事可乐的品牌知名度无疑也得到了有效的提高。

图 2-36　百事可乐在爱奇艺上发布的一则广告视频

2.3.3　西瓜视频引流

　　西瓜视频 App 是今日头条旗下的独立短视频应用，同时也可看作是今日头条平台上的一个内容产品，其推荐机制与头条号的图文内容并无太大差别——都是基于机器推荐机制来实现的。通过西瓜视频平台，抖音电商运营者可以轻松地向大家推广和分享优质视频内容。

　　基于西瓜视频与今日头条平台的关联，抖音电商运营者可以通过今日头条平台后台进行短视频的运营和推广。而通过今日头条平台后台的西瓜视频发表和推广短视频，具有如下所述方面的优势。

1. 利用合辑功能

　　"发表合辑"是为适应视频内容的发展而推出的新功能，指的是视频集合，当然，这种集合并不是简单地把多个视频组合在一起，而是对已发表的视频内容进行重新组织和整理之后的集合，是具有自己思想的、有固定主题的视频集合的发表。

　　因此，抖音电商运营者可以把有着相同主题的一系列短视频进行整理，再设置一个吸引人注意的主题名称，就能吸引众多用户观看视频，最终实现品牌和产品的推广。

2. 设置金秒奖

通过今日头条后台的西瓜视频发布的视频内容，还可以参与金秒奖。一般来说，出现在"金秒奖"频道首页中的内容，都有较高的流量，有些更是高达百万播放量，引发了传播裂变。即使参与评选之后，并没有获得相关奖项，也能通过与"金秒奖"这一短视频行业的标杆事件发生关联而增色不少。

因此，抖音电商运营者可以发表自己制作的优质的短视频内容，参与金秒奖。当然，这里的质量主要包括两个层面的内容，一是所呈现出来的视频内容的质量，二是拍摄、制作的视频在图像、音效和字幕等多个方面的质量。只有这样，才能打造优质短视频，也才能在众多参与作品中获胜，夺得桂冠，为自身短视频内容打上优质标签，从而吸引大量用户观看，更好地对品牌和产品进行推广。

2.3.4　火山小视频引流

火山小视频（下文称"火山"）是今日头条推出的短视频创作和分享平台，致力于打造集"创作、分发、互动"为一体的短视频生态。借助火山小视频进行引流推广，抖音电商运营者需要重点做好两个方面的工作。

1. 参与"火山"平台扶持计划

与今日头条平台一样，火山小视频为了加快发展，吸引更多人关注和参与，推出了一系列与小视频相关的扶持计划。通过参与这些扶持计划，抖音电商运营者可以快速获取大量潜在粉丝，同时还可以获得一定的收益。下面，对部分扶持计划进行简单的介绍。

（1）火点计划：这是一项培养 UGC 原创达人的长期扶持计划，在发掘和寻找之后，通过纪录片和宣传片的方式来分享他们与火山小视频之间的真实故事和生活。

（2）火苗计划：这一项计划是建立在 10 亿元视频现金补贴基础上的计划，共包括两个核心内容，即开通打赏功能和小视频达人培训计划。变现和培训双管齐下，激励用户打造优质内容。

（3）15 秒感动计划：火山小视频基于社会责任，推出了"15 秒感动计划"，志在通过身边的感人故事，发现和传递社会正能量。

2. 使用"火山"发布小视频

在火山小视频 App 上，发表小视频的方法同样有多种，除了大家熟悉的实时拍摄视频、上传视频和直播视频外，还可以通过拍摄的照片和视频来合成制作小视频，下面介绍具体的操作方法。

步骤 01 登录火山小视频 App，点击右上方的按钮，如图 2-37 所示。

步骤 02 进入视频拍摄界面，点击“上传”按钮，如图 2-38 所示。

图 2-37 点击按钮

图 2-38 点击“上传”按钮

步骤 03 执行操作后，进入手机相册，选择需要的照片或视频文件，如图 2-39 所示。

步骤 04 稍等片刻，进入视频编辑界面，在该界面上用户可以设置文字、滤镜、特效、贴纸和音乐，编辑完成后，点击“下一步”按钮，如图 2-40 所示。

图 2-39 选择照片或视频文件

图 2-40 编辑视频界面

步骤 05　执行操作后，进入"发布"界面，设置视频发布的相关信息——选择视频的封面、要发送的好友和添加话题，点击"发布"按钮，如图 2-41 所示。

步骤 06　执行操作后，完成视频的发布，如图 2-42 所示。

图 2-41　点击"发布"按钮

图 2-42　完成视频的发布

2.4　从音乐音频平台引流

音乐和音频的一大特点是，只要听就可以传达消息。也正是因为如此，音乐和音频平台始终都有一定的受众。而对于抖音电商运营者来说，如果将这些受众好好利用起来，从音乐和音频平台引流到抖音，就能实现抖音粉丝的快速增长。

2.4.1　QQ 音乐引流

QQ 音乐是国内具有影响力的音乐平台之一，许多人都会将 QQ 音乐 App 作为必备的 App 之一。QQ 音乐和抖音看似属于不同的公司，但却拥有一定的联系。例如，在"QQ 音乐排行榜"中也设置了"抖音排行榜"，用户点击进去，同样可以看到许多抖音的热门歌曲，如图 2-43 所示。

因此，对于一些创作型歌手来说，只要在抖音上发布自己的原创作品，且作品在抖音上流传度比较高，作品就有可能进入"抖音排行榜"。而 QQ 音乐的用户在听到"抖音排行榜"中的作品之后，如果觉得很不错，也有可能去关注创作者的抖音号，这便为创作者带来了不错的流量。

而对于大多数普通抖音电商运营者来说，虽然自身可能没有独立创作音乐的能力，但也可以将进入"抖音排行榜"的歌曲作为抖音短视频的背景音乐。因为有的 QQ 音乐用户在听到进入"抖音排行榜"的歌曲之后，可能会去抖音上搜索相关的内容。如果抖音电商运营者的短视频将对应的歌曲作为背景音乐，自然有机会进入这些 QQ 音乐用户的视野。由此，借助背景音乐，也可以获得一定的流量。

图 2-43　"抖音排行榜"的相关界面

2.4.2　蜻蜓 FM 引流

音频内容的传播适用范围更为多样，跑步、开车甚至工作等多种场景，都能在悠闲时收听音频节目，音频相比视频来说，更能满足人们的碎片化需求。对于自媒体电商运营者来说，利用音频平台来宣传电商平台和抖音账号，是一条很好的营销思路。

音频营销是一种新兴的营销方式，它主要以音频为内容的传播载体，通过音频节目运营品牌、推广产品。随着移动互联网的发展，以音频节目为主的网络电台迎来了新机遇，与之对应的音频营销也进一步发展。音频营销的特点具体如下。

（1）闭屏特点。闭屏的特点能让信息更有效地传递给用户，这对品牌、产品推广营销而言更有价值。

（2）伴随特点。相比视频、文字等载体而言，音频具有独特的伴随属性，它不需要视觉上的精力，只需双耳在闲暇时收听即可。

"蜻蜓 FM"是一款强大的广播收听应用，用户可以通过它收听国内、海外等地区数千个广播电台。而且"蜻蜓 FM"相比其他音频平台，具有如下功能特点。

（1）跨地域。连接数据的环境下，用户可以自由选择全球广播。

（2）免流量。用户可以通过"蜻蜓 FM"免流量收听本地电台。

(3) 支持点播。新闻、音乐、娱乐、有声读物等自由点播。

(4) 内容回听。不再受直播的限制，错过的内容可以回听。

(5) 节目互动。用户通过"蜻蜓 FM"可以与喜欢的主播实时互动。

在"蜻蜓 FM"平台上，用户可以直接通过搜索栏寻找自己喜欢的音频节目。对此，抖音电商运营者只需根据自身内容，选择热门关键词作为标题便可将内容传播给目标用户。如图 2-44 所示，笔者在"蜻蜓 FM"平台搜索"抖音电商"后，出现了多个与之相关的节目。

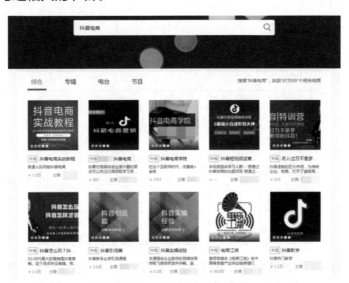

图 2-44　"蜻蜓 FM"中"抖音电商"的搜索结果

抖音电商运营者应该充分利用用户碎片化需求，通过音频平台来发布产品信息广告，音频广告的营销效果相比其他形式广告要好，向听众群体的广告投放更为精准。而且，音频广告的运营成本也比较低廉，十分适合本地中小企业长期推广。

例如，做餐饮的抖音电商运营者，可以与"美食"相关的音频节目组合作。因为这些节目通常有大批关注美食的用户收听，广告的精准度和效果会非常得好。

2.4.3　网易云音乐引流

网易云音乐是一款专注于发现与分享的音乐产品，依托专业音乐人、DJ(Disc Jockey，打碟工作者)、好友推荐及社交功能，为用户打造全新的音乐生活。网易云音乐的目标受众是一群有一定音乐素养的、较高教育水平的、较高收入水平的年轻人，这和抖音的目标受众重合度非常高，因此，网易云音乐成为了抖音引流的最佳音乐平台之一。

用户可以利用网易云音乐的音乐社区和评论功能，对自己的抖音进行宣传和推广。例如，抖音原创音乐人徐秉龙就非常善于利用网易云音乐进行引流，他在抖音上发布的歌曲包括《白羊》《青柠》《孤身》以及《千禧》等都被粉丝广泛使用。

徐秉龙在网易云音乐平台中对这首歌的宣传也做出了很多努力，通过在歌曲评论区和粉丝进行深度互动，推广自己的抖音账号，吸引粉丝前往抖音使用《千禧》作为 BGM 拍摄短视频。如图 2-45 所示，为徐秉龙在网易云音乐平台上对《千禧》作出的评论。

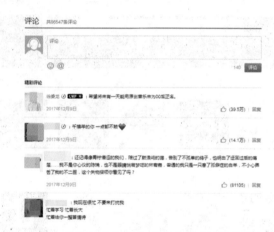

图 2-45　徐秉龙在网易云音乐上对《千禧》的评论

因此，评论推广是音乐平台引流的有效方法。在抖音上会对使用某首音乐的视频进行排名。而对于抖音电商运营者来说，使用热门音乐作为视频背景音乐，不仅能让视频排名靠前，也能起到一定的引流作用。

2.5　从线下平台引流

除了线上的各大平台，线下平台也是抖音引流不可忽略的渠道。目前，从线下平台引流到抖音主要有 3 种方式，解读如下。

2.5.1　从线下拍摄引流

对于拥有实体店的抖音电商运营者来说，线下拍摄是一种简单有效的引流方式。通常来说，线下拍摄可分为两种，一种是抖音电商运营者及相关人员自我拍摄，另一种是邀请进店的消费者拍摄。

抖音电商运营者及相关人员自我拍摄抖音短视频时，能够引发路过的人员的好奇心，为店铺引流。而短视频上传之后，如果抖音用户对你的内容比较感兴趣，也会选择关注你的抖音账号。

而邀请进店的消费者拍摄，则可以直接增加店铺的宣传渠道。让更多抖音用户看到你的店铺及相关信息，从而达到为店铺和抖音号引流的目的。

2.5.2 从线下转发引流

可能单纯地邀请消费者拍摄短视频效果不是很明显，此时，抖音电商运营者就可以采取另一种策略。那就是在线下的实体店进行转发有优惠的活动，让消费者将拍摄好的抖音短视频转发至微信群、QQ 群和朋友圈等社交平台，提高店铺和抖音号的知名度。

当然，为了提高消费者转发的积极性，抖音电商运营者可以对转发的数量，以及转发后的点赞数等给出不同的优惠力度。这样，消费者为了获得更大的消费力度，自然会更卖力地进行转发，而转发的实际效果也会越好。

2.5.3 从线下扫码引流

除了线下拍摄和线下转发之外，还有一种更为直接增加抖音粉丝数量的方法，那就是通过线下扫码，让进店的消费者，或者是路人成为你的抖音粉丝。

当然，在扫码之前，还需有码可扫。对此，抖音电商运营者可以进入"我"界面，点击▤按钮，在弹出的选择栏中，选择"个人名片"选项，如图 2-46 所示。操作完成后，进入"我的名片"界面，抖音电商运营者点击界面中的"保存到相册"按钮，然后下载抖音二维码，如图 2-47 所示。

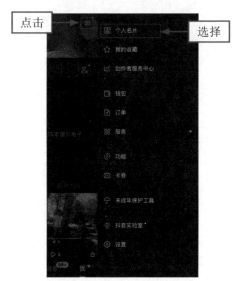

图 2-46 选择"个人名片"选项

图 2-47 点击"保存到相册"按钮

抖音二维码下载完成之后，抖音电商运营者可以将其打印出来，通过发传单，或者将抖音二维码放置在店铺显眼位置的方式，让抖音用户扫码加好友，并关注你的抖音号。

第 3 章

沉淀粉丝，要将公域流量转成私域流量

学前提示

什么是沉淀粉丝？其实就是将抖音这个平台上的公域流量转化成自己抖音号或微信号上的私域流量。

那么，怎样才能将公域流量转化成私域流量呢？本章将对此给出答案。

要点展示

- 从零开始快速了解私域流量
- 从抖音引流到自己的流量池
- 将抖音用户变成微信好友
- 抖音平台引流的注意事项

3.1　从零开始快速了解私域流量

对于任何生意来说，用户都是最重要的因素，如果商家拥有成千上万的专属用户，那么，不管做什么事情，都会更容易取得成功。因此，不管是企业还是个人创业者，不管是传统行业，还是新媒体行业，每个人都需要打造自己的专属私域流量池。

3.1.1　为什么要做私域流量

如今，不管是做淘宝电商，还是自媒体"网红"，更不用说是大量的传统企业，大家都越来越感觉到流量红利殆尽，面对着用户增长疲软的困境，大部分商家都面临如图 3-1 所示的流量瓶颈下的难题。

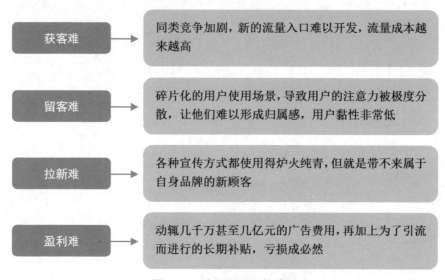

获客难	同类竞争加剧，新的流量入口难以开发，流量成本越来越高
留客难	碎片化的用户使用场景，导致用户的注意力被极度分散，让他们难以形成归属感，用户黏性非常低
拉新难	各种宣传方式都使用得炉火纯青，但就是带不来属于自身品牌的新顾客
盈利难	动辄几千万甚至几亿元的广告费用，再加上为了引流而进行的长期补贴，亏损成必然

图 3-1　流量瓶颈下的难题

很多用户对于各种营销套路已经产生了"免疫力"，甚至对于这些营销行为觉得厌恶，进而直接屏蔽商家。在这种情况下，商家的流量成本可想而知是相当高的，因此很多自媒体创业者和企业都遭遇了流量瓶颈。

那么，如何突破这些流量瓶颈带来的难题呢？答案就是做私域流量，通过微信公众号、朋友圈、小程序、微博以及抖音等渠道，来打造自己的专属私域流量池，把自己的核心用户圈起来，让彼此的关系更加持久。

知名企业家、财经作家吴晓波更是大胆预言，基于私域流量的"私域电商"将与圈层社交和会员制一道，成为 2019 年的三大商业创新模式。

3.1.2　私域流量与公域流量的区别

私域流量是相对于公域流量的一种说法，其中"私"指的是个人的、私人的、自己的意思，与公域流量的公开相反；"域"是指的范围，这个区域到底有多大；"流量"则是指具体的数量，如人流数、车流数或者用户访问量等，后面这两点私域流量和公域流量都是相同的。

1.　什么是公域流量

公域流量的渠道非常多，包括各种门户网站、超级 App 和新媒体平台，下面列举了一些公域流量的具体代表平台，如图 3-2 所示。

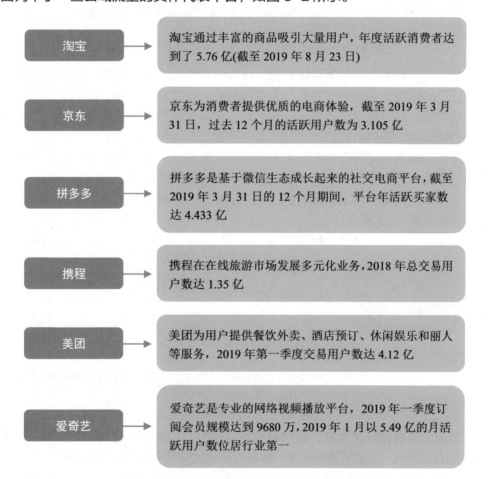

淘宝	淘宝通过丰富的商品吸引大量用户，年度活跃消费者达到了 5.76 亿(截至 2019 年 8 月 23 日)
京东	京东为消费者提供优质的电商体验，截至 2019 年 3 月 31 日，过去 12 个月的活跃用户数为 3.105 亿
拼多多	拼多多是基于微信生态成长起来的社交电商平台，截至 2019 年 3 月 31 日的 12 个月期间，平台年活跃买家数达 4.433 亿
携程	携程在在线旅游市场发展多元化业务，2018 年总交易用户数达 1.35 亿
美团	美团为用户提供餐饮外卖、酒店预订、休闲娱乐和丽人等服务，2019 年第一季度交易用户数达 4.12 亿
爱奇艺	爱奇艺是专业的网络视频播放平台，2019 年一季度订阅会员规模达到 9680 万，2019 年 1 月以 5.49 亿的月活跃用户数位居行业第一

图 3-2　公域流量的具体代表平台和流量规模

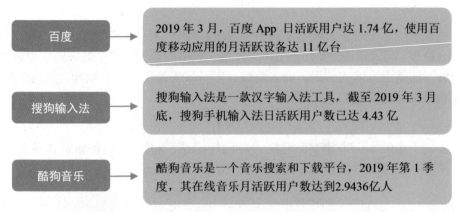

| 百度 | 2019 年 3 月，百度 App 日活跃用户达 1.74 亿，使用百度移动应用的月活跃设备达 11 亿台 |

| 搜狗输入法 | 搜狗输入法是一款汉字输入法工具，截至 2019 年 3 月底，搜狗手机输入法日活跃用户数已达 4.43 亿 |

| 酷狗音乐 | 酷狗音乐是一个音乐搜索和下载平台，2019 年第 1 季度，其在线音乐月活跃用户数达到2.9436亿人 |

图 3-2　公域流量的具体代表平台和流量规模（续）

从上面这些平台的数据可以看到，这些平台都拥有亿级流量，并且通过流量来进行产品销售。他们的流量有一个共同特点，那就是流量都是属于平台的，都是公域流量。商家或者个人在入驻平台后，可以通过各种免费或者付费方式来提升自己的排名，推广自己的产品，从而在平台上获得用户和成交。

例如，歌手可以在酷狗音乐上发布自己的歌曲，吸引用户收听，然后用户需要通过付费充值成为会员来下载歌曲，歌手则可以收到盈利。

要在公域流量平台上获得流量，就必须要熟悉这些平台的运营规则和特点，具体特点如图 3-3 所示。

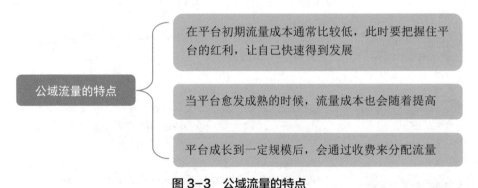

| 公域流量的特点 | 在平台初期流量成本通常比较低，此时要把握住平台的红利，让自己快速得到发展 |

| | 当平台愈发成熟的时候，流量成本也会随着提高 |

| | 平台成长到一定规模后，会通过收费来分配流量 |

图 3-3　公域流量的特点

因此，不管做什么生意，都需要多关注这些公域流量平台的动态，对于那些有潜力的新平台，一定要及时入驻，并采取合适的运营方法来收获平台红利。而一旦在平台的成熟期才进入，那么商家就要比别人付出更多努力和更高的流量成本。

对于企业来说，这些公域流量平台最终都是需要付费的，企业赚到的所有钱也都需要分给他们一笔。而对于那些有过成交记录的老客户来说，这笔费用就显得非常不值。当然，平台对于用户数据保护得非常好，因为这是他们的核心资产，企业想要直接获得流量资源非常难。这也是大家都在积极将公域流量转化为私域流量的原因。

2. 什么是私域流量

对于私域流量，目前还没有统一的具体定义，但是私域流量的确有一些共同的特点，如图 3-4 所示。

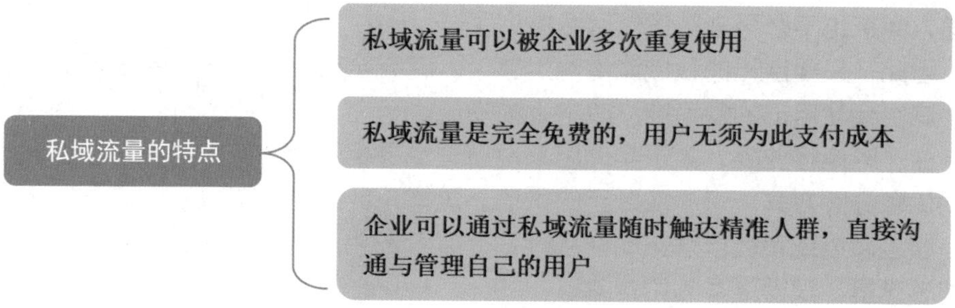

图 3-4　私域流量的特点

例如，对于微博来说，上到热门头条后被所有微博用户看到，这里就是公域流量；而通过自己的动态页面，让自己的粉丝看到微博内容，这就是私域流量。

据悉，微博 2019 年 3 月的月活跃用户数达到 4.65 亿，平均日活跃用户数达到 2.03 亿。企业和自媒体人可以通过微博来积累和经营自己的粉丝流量，摆脱平台的推荐和流量分配机制，从而更好地经营自己的资产，实现个人价值和商业价值。

对于公域流量来说，私域流量是一种弥补其缺陷的重要方式，而且很多平台还处于红利期，可以帮助企业和自媒体人补足短板。

3.1.3　私域流量更具价值

打造私域流量池，就等于有了自己的"个人财产"，这样自己的流量会具有更强的转化优势，同时也有更多的变现可能。下面介绍私域流量模式的商业价值，同时探讨这种流量模式对于大家究竟有哪些好处。

1. 让营销成本直线降低

以往我们在公域流量平台上做了很多付费推广，但是并没有与这些用户产生实际关系。例如，拼多多商家想要参与各种营销活动来获取流量，就需要交纳各种保证金。即使商家通过付费推广来获得流量，也不能直接和用户形成强关系，用户在各种平台推广场景下购买完商家的产品后，又会再次回归平台，所以这些流量始终还是被平台掌握在手中。

其实，这些付费推广获得的用户都是非常精准的流量。商家可以通过用户购买后留下的个人信息，如地址和电话号码等，再次与用户接触，甚至可以通过微信来主动添加他们，或者将他们引导到自己的社群中，然后再通过一些老客户维护活动来增加他们的复购率。

同时，这些老客户的社群也就成为了商家自己的私域流量池，而且商家可以通过朋友圈的渠道来增加彼此的信任感，有了信任就会有更多的成交。这样，商家以后不管是推广新产品，还是做清仓活动，这些社群就成为了一个免费的流量渠道，商家也不必再去花钱做付费推广了。

因此，只要自己的私域流量池足够大，就完全可以摆脱对平台公域流量的依赖，这也会让自己的营销推广成本大幅降低。

除了电商行业外，对于实体店来说道理也是相同的，商家也可以通过微信扫码领优惠券等方式，来添加顾客的微信。这样，商家可以在以后做活动或者上新时，通过微信或者社群来主动联系顾客，或者发朋友圈来被动展示产品，增加产品的曝光量，获得更多的免费流量。

例如，海尔作为传统企业，在交互性强、互联网大爆炸的时代，进行了一次史无前例的组织变革，目标是将僵硬化的组织转为社交性强的网络化。海尔在组织进行网络化的同时，建立起一个社群型组织。

海尔的社群运营核心是"情感"，但是对于企业来说，"情感"是一个与用户进行价值对接的界面，并不能与社群用户产生非常高黏度的衔接，毕竟"情感"往往是脆弱的，是容易被击破的。

然而，海尔看清了这一点，开始与粉丝互动起来，让粉丝不再只是粉丝，而是参与者、生产者，真正与品牌有连接的、与品牌融合的一部分。其中，"柚萌"就是由海尔 U+ 发起，以实现更美好的智慧家居生活体验为宗旨的社群，如图 3-5 所示。

图 3-5　海尔 U+ "柚萌"社群

对个人而言，可以通过社群轻松与企业交流，通过有效的推荐机制，能迅速找到好的产品及众多实用资讯。

对企业而言，私域流量下的社群可以节省大量的推广费用，好的产品会引发社群用户的自发分享行为，形成裂变传播效应。同时，企业可以通过运营私域流量，与用户深入接触，更加了解用户的需求，打造更懂用户的产品。

2. 让投资回报率大幅提升

公域流量有点像大海捞针，大部分流量其实是非常不精准的，因此整体的转化率非常低。而这种情况在私域流量平台可以很好地规避掉，私域流量通常都是关注商家的潜在用户，不仅获客成本非常低，而且这些平台的转化率也极高。

结果显而易见，既然用户都走到商家的店铺中了，那么他们必然也比大街上的人有更大的消费意愿，因此商家更容易与他们达成成交，所以私域流量的投资回报率自然也会更高。

同时，只要商家的产品足够优质，服务足够到位，这些老顾客还会无偿成为商家的推销员，他们也会乐于去分享好的东西，以证明自己独到的眼光。这样，商家就可以通过私域流量来扩大用户规模，提升价值空间。

3. 避免已有的老客户流失

除了拉新外，私域流量还能够有效避免已有的老客户流失，让老客户的黏性翻倍，快速提升老客户复购率。在私域流量时代，商家不能仅仅依靠产品买卖来与用户产生交集，如果商家只做到了这一步，那么用户一旦发现品质更好的、价格更低的产品，他们就会毫不留情地抛弃商家的产品。

因此，在产品之外，商家要与用户产生感情的羁绊，打造出强信任关系。要知道人都是感性的，光有硬件的支持是难以打动用户的，再者，用户更多注重的是精神层面的体验。

为此，商家要想打响自身品牌，推销产品，就应该在运营私域流量时融入真情实感，用情感来感化用户，重视情感因素在营销中的地位。最重要的是，了解用户的情感需求，引起其共鸣，并使得用户不断加深对企业和产品的喜爱之情。

在体验中融入真实情感是企业打造完美的消费体验的不二之选，无论是从消费者的角度，还是从企业的角度，都应该认识到情感对产品的重要性。为了树立产品口碑，向更多老顾客推销新产品，用情感打动人心虽然不易，但只要用心去经营，就会得到深远而持久的效果。

也就是说，私域流量绝不是一次性的成交行为，用户在买完产品后，还会给商家的产品点赞，也可以通过让用户参加一些后期的活动，来加深彼此的关系。这种情况下，即使商家的对手有更好的产品价格，用户也不会轻易抛弃商家，因为商家和用户之间建立了情感关系。甚至用户还会主动给商家提一些有用的建议，来击败竞争对手。

4. 对塑造品牌价值有帮助

塑造品牌是指企业通过向用户传递品牌价值来得到用户的认可和肯定，以达到维持稳定销量、获得良好口碑的目的。通常来说，塑造品牌价值需要企业倾注很大的心血，因为打响品牌不是一件容易的事情，市场上生产产品的企业和商家千千万万，能被用户记住和青睐的却只有那么几家。

品牌具有忠诚度的属性，可以让用户产生更多信任感。品牌通过打造私域流量池，可以让品牌与用户获得更多接触和交流机会，同时为品牌旗下的各种产品打造一个深入人心的形象，然后让用户争相购买产品从而成功打造爆品。

以丹麦的服装品牌ONLY为例，其品牌精神为前卫、个性十足、真实、自信等，很好地诠释了其产品的风格所在。同时，ONLY利用自身的品牌优势在全球开设了多家店铺，获得了丰厚的利润，赢得了众多消费者的喜爱。

5. 激励客户重复购买

私域流量是属于我们个人的，和平台的关系不大。这就是为什么很多直播平台要去花大价钱来签约"网红"主播，因为这些"网红"主播自带流量，直播平台可以通过与他们签约来吸收他们自身的私域流量。

例如，知名电竞选手、前WE队长"Misaya若风"，被称为"中路杀神"，微博粉丝突破千万，在微博上的互动率非常惊人，如图3-6所示。同时，"Misaya若风"还是企鹅电竞直播的签约主播，在该平台上的订阅用户数也达到了70多万，这其中的流量具有高度的重叠性。

图3-6　"Misaya若风"的微博

对于这些"网红"来说，私域流量是可以跨平台和不断重复利用的，这个好处自然也会延伸到其他领域，这些粉丝的忠诚度非常高，可以形成顾客终身价值。

3.2 从抖音引流到自己的流量池

互联网变现的公式是：流量 = 金钱。因此只要有了流量，变现就不再是难题。而如今的抖音，就是一个坐拥庞大流量的平台。抖音电商运营者只要运用一些小技巧，就可以从抖音引流到自己的抖音号，在抖音平台拥有自己的流量池。

3.2.1 广告引流

在抖音中有 3 种广告形式，这 3 种广告形式既是在进行广告营销，也可以让短视频内容获得海量曝光和精准触达。而用户在看到这些曝光的视频之后，如果觉得对视频中的产品或者对账号的内容比较感兴趣，就会选择关注该账号。这样一来，抖音电商运营者便可以通过广告引流，将抖音用户引流到自己的流量池了。下面分别解读这 3 种广告形式。

1. Topview 超级首位

Topview 超级首位是一种由两种广告类型组成的广告形式。它由两个部分组成，即前面几秒的抖音开屏广告和之后的信息流广告。

图 3-7 所示为小米手机的一条短视频，可以看到其一开始是以抖音全屏广告的形式展现的（左侧），而播放了几秒钟之后，就变成了信息流广告（右侧），直到该视频播放完毕。很显然，这条短视频运用的就是 Topview 超级首位。

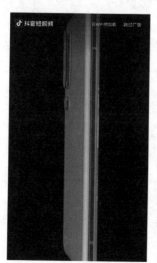

图 3-7 Topview 超级首位的运用案例

从形式上来看，Topview 超级首位很好地融合了开屏广告和信息流广告的优势。既可以让抖音用户在打开抖音短视频 App 的第一时间就看到广告内容，也能通过信息流广告对内容进行完整的展示，并引导抖音用户了解广告详情。

2. 开屏广告

开屏广告，顾名思义，就是打开抖音就能看到的一种广告形式。开屏广告的优势在于，抖音用户一打开抖音短视频 App 就能看到，所以广告的曝光率较高。而其缺点则体现在呈现的时间较短。因此，可以呈现的内容较为有限。图 3-8 所示为开屏广告的运用案例。

图 3-8　开屏广告的运用案例

按照内容的展示形式，开屏广告可细分为 3 种，即静态开屏（一张图片到底）、动态开屏（中间有图片的更换）和视频开屏（以视频的形式呈现广告内容）。抖音电商运营者可以根据自身需求，选择合适的展示形式。

3. 信息流体系

信息流体系模块就是一种通过视频传达信息的广告内容模块。运用信息流体系模块的短视频，其文案中会出现"广告"字样，而抖音用户点击视频中的链接，则可以跳转至目标页面，从而达到营销的目的。

图 3-9 所示的信息流广告的运用案例中，抖音用户只需点击短视频中的文案内容、"去体验"按钮和抖音账号头像，便可以跳转至 App 获取界面。这种

模块的运用，不仅可以实现信息的营销推广，还能让抖音用户的信息获取更加便利化。

图 3-9　信息流体系的运用案例

3.2.2　SEO 引流

SEO 是 Search Engine Optimization 的英文缩写，中文译为"搜索引擎优化"。它是指通过对内容的优化获得更多流量，从而实现自身的营销目标。所以，说起 SEO，许多人首先想到的可能就是搜索引擎的优化，如百度平台的 SEO。

其实，SEO 不只是搜索引擎独有的运营策略。抖音短视频同样是可以进行 SEO 优化的。比如，我们可以通过对抖音短视频的内容运营，实现内容霸屏，从而让相关内容获得快速传播。而抖音用户在看到霸屏的内容之后，如果去查看内容，并关注你的账户。那么，抖音电商运营者便借助 SEO 引流，将抖音的流量引导进自己的流量池。

抖音短视频 SEO 优化的关键就在于视频关键词的选择。而视频关键词的选择又可细分为两个方面，即关键词的确定和使用。

1. 视频关键词的确定

用好关键词的第一步就是确定合适的关键词。通常来说，关键词的确定主要有以下两种方法。

（1）根据内容确定关键词。

什么是合适的关键词？它首先应该是与抖音账号的定位以及短视频内容相关的。否则，抖音用户即便看到了短视频，也会因为内容与关键词不对应而直接滑过，而这样一来，选取的关键词也就没有太多积极意义了。

（2）通过预测选择关键词。

除了根据内容确定关键词之外，还需要学会预测关键词。抖音用户在搜索时所用的关键词可能会呈现阶段性的变化。具体来说，许多关键词都会随着时间的变化而具有不稳定的升降趋势。因此，抖音电商运营者在选取关键词之前，需要先预测用户搜索的关键词，下面从两个方面分析如何预测关键词。

社会热点新闻是人们关注的重点，当社会新闻出现后，会出现一大波新的关键词，搜索量高的关键词就叫热点关键词。

因此，抖音电商运营者不仅要关注社会新闻，还要会预测热点，抢占最有利的时间预测出热点关键词，并将其用于抖音短视频中。下面介绍一些预测社会热点关键词的方法，如图3-10所示。

预测社会热点关键词	从社会现象入手，找少见的社会现象和新闻
	从用户共鸣入手，找大多数人都有过类似状况的新闻
	从与众不同入手，找特别的社会现象或新闻
	从用户喜好入手，找大多数人感兴趣的社会新闻

图3-10 预测社会热点关键词

除此之外，即便搜索同一类物品，抖音用户在不同时间段选取的关键词仍有可能会有一定的差异性。也就是说，抖音用户在搜索关键词的选择上可能会呈现出一定的季节性。因此，抖音电商运营者需要根据季节性，预测用户搜索时可能会选取的关键词。

值得一提的是，关键词的季节性波动比较稳定，主要体现在季节和节日两个方面，如用户在搜索服装类内容时，可能会直接搜索包含四季名称的关键词，即春装、夏装等；节日关键词会包含节日名称，即春节服装、圣诞装等。

季节性的关键词预测还是比较容易的，抖音电商运营者除了可以从季节和节日名称上进行预测，还可以从以下方面进行预测，如图3-11所示。

2. 视频关键词的使用

在添加关键词之前，抖音电商运营者可以通过查看朋友圈动态、微博热点等方式，抓取近期的高频词汇，将其作为关键词嵌入抖音短视频中。

需要特别说明的是，运营者统计出近期出现频率较高的关键词后，还需了解关键词的来源，只有这样才能让关键词用得恰当。

除了选择高频词汇之外，抖音电商运营者还可以通过在抖音号介绍信息和短视频文案中增加关键词使用频率的方式，让内容尽可能地与自身业务直接联系起来，从而给抖音用户一种专业的感觉。

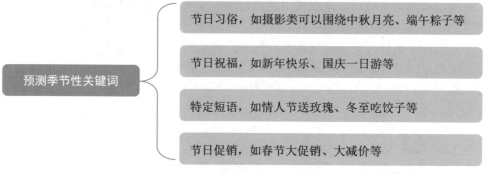

图 3-11　预测季节性关键词

3.2.3　视频引流

视频引流可以分为两种方式进行，一是原创视频引流，二是搬运视频引流。

1. 原创视频引流

有短视频制作能力的抖音电商运营者，原创引流是最好的选择。抖音电商运营者可以把制作好的原创短视频发布到抖音平台，同时在账号资料部分进行引流，如昵称、个人简介等地方，都可以留下联系方式，如图 3-12 所示。

图 3-12　在账号资料部分进行引流

注意，不要在其中直接标注"微信"两个字，可以用拼音简写、同音字或其他相关符号来代替。用户的原创短视频的播放量越大，曝光率越大，引流的效果也就会越好。

抖音上的年轻用户偏爱热门和创意有趣的内容，同时在抖音官方介绍中，抖音鼓励的视频是：场景、画面清晰；记录自己的日常生活，内容健康向上；多人类、剧情类、才艺类、心得分享、搞笑等多样化内容，不拘于一个风格，抖音电商运营者在制作原创短视频内容时，记住这些原则，会让作品获得更多推荐。

2. 搬运视频引流

抖音电商运营者可以从微视、西瓜视频、快手、火山小视频以及秒拍等短视频平台，将其中的内容搬运到抖音平台上，具体方法如下。

步骤 01 先打开去水印视频解析网站，然后打开要搬运的视频，并把要搬运视频的地址放到解析网站的方框内，然后点击"解析视频"按钮，解析完成后即可下载，从而得到没有水印的视频文件。如图 3-13 所示，为抖音短视频解析下载网站。

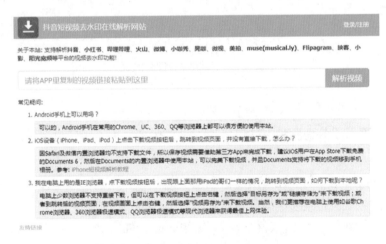

图 3-13 抖音短视频解析下载网站

步骤 02 然后用格式工厂或 InShot 视频图片编辑软件，对视频进行剪辑和修改，改变视频的 MD5 值，即可得到"伪原创"的视频文件。

步骤 03 最后把这个搬运来的视频上传到抖音，同时在抖音账号的资料部分进行引流，方便粉丝添加。

3.2.4 直播引流

直播对于抖音电商运营者来说意义重大，一方面，抖音电商运营者可以通过直播销售商品，获得收益；另一方面，直播也是一种有效的引流方式。只要抖音用户在直播的过程中点击关注，他们就会自动成为抖音账号的粉丝。

如图 3-14 所示，在某个电商直播中，抖音用户点击界面左上方账号名称和头像所在的位置，界面中便会弹出一个账号详情对话框。如果抖音用户点击对话框中的"关注"按钮，原来"关注"按钮所在的位置将显示"已关注"。此时，抖音用户通过直播关注了该直播所在的抖音账号。

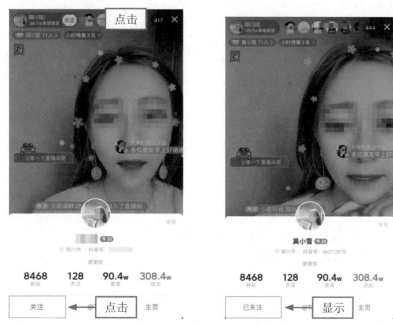

图 3-14　通过直播关注抖音账号

除此之外，抖音用户在直播界面中还有一种更方便的关注方法，那就是直接点击直播界面左上方的"关注"按钮。

3.2.5　评论引流

许多抖音用户在看抖音视频时，会习惯性地查看评论区的内容。再加上，抖音用户如果觉得视频内容比较有趣，还可以通过 @ 抖音账号，吸引其他抖音用户前来观看该视频。因此，如果抖音电商运营者的评论区利用得当，便可以起到不错的引流效果。

抖音视频文案中能够呈现的内容相对有限，这就有可能出现一种情况，那就是有的内容需要进行一些补充。此时，抖音电商运营者便可以通过评论区的自我评论来进一步进行表达。另外，在短视频刚发布时，可能看到视频的抖音用户不是很多，也不会有太多抖音用户评论。如果此时抖音电商运营者进行自我评论，也能从一定程度上起到提高视频评论量的作用。

除了自我评价补充信息之外，抖音电商运营者还可以通过回复评论解决抖音用户的疑问，引导抖音用户的判断，从而提高产品的销量。

回复抖音评论看似是一件再简单不过的事，实则不然。为什么这么说呢？这主要是因为在进行抖音评论时还有一些需要注意的事项，具体如下。

1. 第一时间回复评论

抖音电商运营者应该尽可能地在第一时间回复抖音用户的评论，这主要有两个方面的作用。一是快速回复抖音用户能够让抖音用户感觉到你对他（她）很重视，这样自然能增加抖音用户对你和你的抖音账号的好感；二是回复评论能够从一定程度上增加短视频的热度，让更多抖音用户看到你的短视频。

那么，如何做到第一时间回复评论呢？其中一种比较有效的方法就是在短视频发布的一段时间内，及时查看抖音用户的评论。一旦发现有新的评论，便在第一时间做出回复。

2. 不要重复回复评论

对于相似的问题，或者同一个问题，抖音电商运营者最好不要重复进行回复，这主要有两个原因。一是很多抖音用户的评论中或多或少会有一些营销的痕迹，如果重复回复，那么整个评价界面便会看到很多带有广告痕迹的内容，而这些内容往往会让抖音用户产生反感情绪。二是相似的问题、点赞相对较高的问题会排到评论的靠前位置，抖音电商运营者只需对点赞较高的问题进行回复，其他有相似问题的抖音用户自然就能看到。而且这样还能减少评论的回复工作量，节省大量的时间。

3. 注意规避敏感词汇

对于一些敏感的问题和敏感的词汇，抖音电商运营者在回复评论时一定要尽可能地进行规避。当然，如果避无可避也可以采取迂回战术，如不对敏感问题作出正面的回答、用一些其他意思相近的词汇或用谐音代替敏感词汇。

3.2.6 矩阵引流

抖音矩阵就是通过多个账号的运营进行营销推广，从而增强营销的效果，获取稳定的流量池。抖音矩阵可分为两种，一种是个人抖音矩阵，即某个抖音电商运营者同时运营多个抖音号，组成营销矩阵；另一种是多个具有联系的抖音电商运营者组成一个矩阵，共同进行营销推广。

例如，费启鸣便是借助抖音矩阵打造了多个用户，且每个抖音号都拥有一定数量的粉丝，如图 3-15 所示。

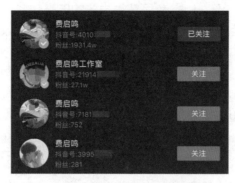

图 3-15　费启鸣打造的抖音矩阵

3.2.7　私信引流

抖音支持"发信息"功能，一些粉丝可能会通过该功能给用户发信息，用户可以时不时看一下，并利用私信来进行引流，如图 3-16 所示。

图 3-16　利用抖音私信消息引流

3.2.8　互推引流

互推就是互相推广的意思。大多数抖音号在运营过程中，都会获得一些粉丝，只是对于许多抖音电商运营者来说，粉丝量可能并不是很多。此时，抖音电商运营者便可以通过与其他抖音号进行互推，让更多抖音用户看到自己的抖音号，从而提高抖音号的传播范围，让抖音号获得更多的流量。

在抖音平台中，互推的方法有很多，其中比较直接有效的一种互推方式就是在视频文案中互相 @，让抖音用户看到相关视频之后，就能看到互推的账号。

图 3-17 所示为"祝晓晗"和"老丈人说车"发布的两条视频，可以看到这两条视频中就是通过使用 @ 功能来进行互推的。这两个账号之间具有很强的信任度，互推的频率也可以进行把握。所以，这两个账号的互推能获得不错的效果。

图 3-17　账号互推

3.3　将抖音用户变成微信好友

当抖音电商运营者通过注册抖音号，拍摄短视频内容在抖音等短视频平台上获得大量粉丝后，接下来就可以把这些粉丝导入微信，通过微信来引流，将抖音流量沉淀，获取源源不断的精准流量，降低流量获取成本，实现粉丝效益的最大化。

3.3.1　抖音名称展示微信号

在个人名字里设置微信号是抖音早期常用的导流方法（如图 3-18 所示），但如今由

图 3-18　在账号名字部分进行引流

于今日头条和腾讯之间的竞争非常激烈，抖音对于名称中的微信号审核也越来越严格，因此抖音电商运营者在使用该方法时需要非常谨慎。

如何修改抖音账号的个人名字？首先，进入"设置"界面，点击"编辑资料"按钮，进入"编辑个人资料"界面，选择"名字"一栏，如图3-19所示；其次，进入"修改名字"界面，在"我的名字"文本框中输入新的名字，如图3-20所示；最后，点击"保存"按钮，完成修改账号名字。

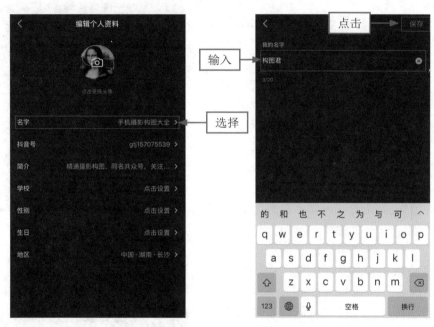

图 3-19　选择"名字"一栏　　　　　图 3-20　输入新的名字

抖音账号个人昵称（名字）的设置技巧如图3-21所示。

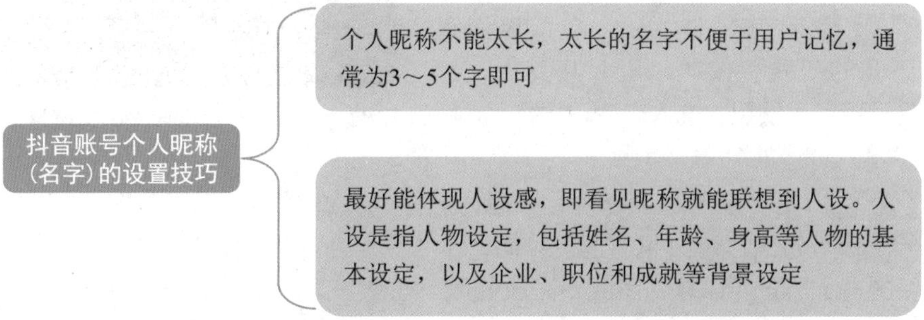

抖音账号个人昵称（名字）的设置技巧

- 个人昵称不能太长，太长的名字不便于用户记忆，通常为3～5个字即可
- 最好能体现人设感，即看见昵称就能联想到人设。人设是指人物设定，包括姓名、年龄、身高等人物的基本设定，以及企业、职位和成就等背景设定

图 3-21　抖音账号个人昵称（名字）的设置技巧

3.3.2 账号简介展示微信号

抖音的账号简介通常是简单明了，一句话解决。其主要原则是"描述账号＋引导关注"，基本设置技巧如下：前半句描述账号特点或功能，后半句引导关注微信；账号简介可以用多行文字，但一定要在多行文字的视觉中心出现引导加微信的字眼；抖音电商运营者可以在简介中巧妙地推荐其他账号，但不建议直接引导加微信等。

在账号简介中展现微信号是目前最常用的导流方法，而且修改起来也非常方便快捷。但需要注意，不要在其中直接标注"微信"，可以用拼音简写、同音字或其他相关符号来代替。用户的原创短视频的播放量越大，曝光率越大，引流的效果也就会越好，如图 3-22 所示。

图 3-22 在账号简介部分进行引流

3.3.3 抖音号中展示微信号

抖音号跟微信号一样，是其他人能够快速找到你的一串独有的字符，位于个人昵称的下方。抖音电商运营者可以将自己的抖音号直接修改为微信号，如图 3-23 所示。但是，抖音号只能修改一次，一旦审核通过就不能修改了。所以，抖音电商运营者修改前一定要想好，这个微信号是否是自己最常用的那个。

下面介绍修改抖音号的操作方法。

步骤 01 打开抖音 App，在主界面点击右下角的"我"按钮，进入其界面，点击"编辑资料"按钮，进入"编辑个人资料"界面。

图 3-23 在抖音号当中设置微信号

步骤 02 在"编辑个人资料"界面，选择"抖音号"一栏，如图 3-24 所示。

步骤 03 进入"修改抖音号"界面，在"修改抖音号"文本框中输入新的抖音号，点击右上方的"保存"按钮即完成修改，如图 3-25 所示。在修改的时候需要注意，抖音号只能包含数字、字母、下划线和点，其他的字符都不可以用。

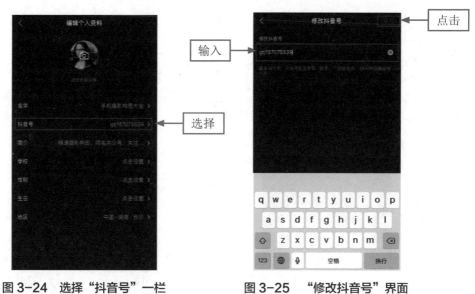

图 3-24　选择"抖音号"一栏　　　　图 3-25　　"修改抖音号"界面

3.3.4　在背景图片中展示微信号

背景图片的展示面积比较大，其中内容容易被人看到，如图 3-26 所示，因此在背景图片中设置微信号的导流效果也非常明显。下面介绍抖音背景图片的设置方法。

步骤 01　进入"我"界面，点击界面上方的背景图片，点击"更换"按钮，如图 3-27 所示。

图 3-26　在背景图片中设置微信号

图 3-27　点击"更换"按钮

步骤 02 弹出快捷菜单，有3个选择项："拍一张""相册选择"和"从图库选择"，如图3-28所示。

步骤 03 例如，选择"相册选择"选项，可以进入"所有照片"界面。在该界面中选择需要设置为背景的图片，如图3-29所示。

图 3-28　弹出快捷菜单

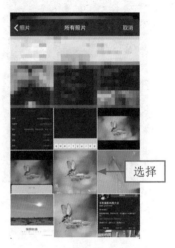

图 3-29　"所有照片"界面

步骤 04 执行操作后，进入"裁剪"界面。在该界面中对图片进行裁剪，裁剪完成后，点击"确定"按钮，如图3-30所示。

步骤 05 操作完成后，返回"我"界面。如果背景图片发生了变化，就说明背景图片更换成功了，如图3-31所示。

图 3-30　"裁剪"界面

图 3-31　背景图片更换成功

3.3.5　在个人头像中展示微信号

抖音号的头像都是图片，在其中露出微信号，系统也不容易识别，但头像的展示面积比较小，需要粉丝点击放大后才能看清楚，因此这种方法的导流效果一般，如图 3-32 所示。另外，有微信号的头像也需要抖音电商运营者提前用修图App 做好。

图 3-32　在个人头像上设置微信号

需要注意的是，抖音对于设置微信号的个人头像管控得非常严格，所以抖音电商运营者一定要谨慎使用。同时，抖音号的头像设置也需要有特点，必须展现自己最美的一面，或者展现企业的良好形象。

抖音电商运营者可以进入"编辑个人资料"界面，点击头像即可更换头像图片。这有两种方式，分别是从相册选择更换的图片和拍一张图片。另外，在"我"界面点击头像，不仅可以查看头像的大图，还可以对头像进行编辑操作。

设置抖音头像的基本技巧如下。

(1) 头像一定要清晰。

(2) 个人账号一般使用主播肖像作为头像。

(3) 团体账号可以使用代表人物形象作为头像，或者使用公司名称、LOGO等标志。

3.3.6　短视频中展示微信号

这种方法就是在短视频内容中露出微信号，可以由主播自己说出来，也可以通过背景展现出来，或者打上带有微信号的水印，只要这个视频火爆后，其中的微信号也会随之得到大量的曝光。

例如，下面这个护肤内容的短视频，通过图文内容介绍了一些护肤技巧，最后展现了主播自己的微信号来实现引流，如图 3-33 所示。

图 3-33　在视频内容中露出微信号

需要注意的是，最好不直接在视频上添加水印，这样做不仅影响粉丝的观看体验，而且会导致视频不能通过审核，甚至会使账号被系统封号。

3.4　抖音平台引流的注意事项

虽然抖音平台引流很重要，但是，在引流的过程中也要稍加注意，不能为了一时的引流破坏了账号在抖音平台和抖音用户心中的形象。这一节，将对抖音平台中进行引流的 5 个注意事项分别进行解读。

3.4.1　在营销之前要先养号

看到标题，部分抖音电商运营者可能对"养号"有一些疑惑。什么是养号呢？简单来说就是通过一些操作来提升抖音账号的初始权重。

为什么要养号呢？这主要是因为抖音会根据权重给运营者的账号一定的推荐量，账号的权重越高，获得的推荐量自然就会越多。另外，抖音为了将精准流量推荐给优质的内容创作者，会从不同维度对一个账号是否正常进行检测。而养号的目的就是告诉抖音平台自己的账号是一个正常的账号，本人不会在抖音里捣乱。

那么在抖音里怎么养号呢？抖音电商运营者可以重点把握以下几个方面。

(1) 账号信息填写完整，且在粉丝量不足 1 万时，尽量不要在个人信息中出现微信、QQ 等联系方式。

（2）关注与自己的账号同类的抖音账号，稳定登录并浏览相关视频，适时与抖音用户进行一些互动。

（3）填写所在的地区，并适时浏览同城推荐的内容。

（4）绑定今日头条、火山小视频等相关账号。

3.4.2 选择合适的发布时间

在发布抖音短视频时，尽量做到发布的频率为一周至少 2 ～ 3 条，然后进行精细化运营，保持视频的活跃度，让每一条视频都尽可能地上热门。至于发布的时间，为了让你的作品被更多的人看到，火得更快，一定要选择在抖音粉丝在线人数多的时间段进行发布。

据统计，饭前和睡前是抖音用户最多的使用时段，有 62% 的用户会在这段时间内看抖音；10.9% 的用户会在碎片化时间看抖音，如上卫生间或者上班路上。尤其是睡前、周末和节假日这些时间段，抖音的用户活跃度非常高。所以大家发布短视频的时间最好控制在以下 3 个时间段。

（1）周五的晚上 18 ～ 24 点。

（2）周末两天（星期六和星期天）。

（3）其他工作日的晚上 18 ～ 20 点。

同样的作品在不同的时间段发布，效果肯定是不一样的，因为流量高峰期人多，那么你的作品就有可能被更多人看到。如果用户一次性录制了好几个视频，千万不要同时发布，每个视频发布时中间至少要间隔一个小时。

另外，发布时间还需要结合自己的目标客户群体的时间，因为职业的不同、工作性质的不同、行业细分的不同以及内容属性的不同，发布的时间节点也都有所差别，因此用户要结合内容属性和目标人群，去选择一个最佳的时间点发布内容。再次提醒，最核心的一点就是在人多的时候发布，得到的曝光和推荐机会会更多。

3.4.3 广告植入要适当软化

虽然大部分抖音电商运营者都希望通过抖音赚取一桶金，而要想赚钱，进行广告植入又是很有必要的。但是，如果抖音电商运营者直接展示商品，如图 3-34 所示，这样广告做得就太生硬了，大部分抖音用户看到这样的广告之后只会选择直接滑过而忽略不看。

那么，怎样在短视频中打广告比较合适呢？主要还是尽可能地将广告软化，让抖音用户对抖音电商运营者的广告不产生反感。比如，可以针对商品设计相关的剧情，让抖音用户既觉得抖音电商运营者的短视频具有一定的趣味性，同时也能从短视频中看到商品的使用效果，如图 3-35 所示。

图 3-34　硬广告

图 3-35　软化的广告

其实对于一部分抖音用户来说，讨厌的并不是广告，而是一些没有趣味性，一味地强调商品优点的广告。毕竟，大多数抖音用户刷抖音的直接目的是想看有趣的短视频，而不是在抖音里面买东西。如果抖音用户觉得某个短视频是在不停地引导他们买东西，那么，抖音用户自然就会产生抵触情绪。

3.4.4　不要频繁进行类似操作

抖音电商运营者在引流的过程中最好不要频繁地进行类似的操作，这主要有以下 4 个原因。

（1）频繁地进行类似的操作，抖音平台会对账号的正常性产生疑问。一旦平台认定该账号运营不正常，势必会对账号进行降权处理。

（2）抖音电商运营者在抖音平台上进行的相关操作，如更改个人信息、发布视频等，抖音平台都会进行审核，频繁地进行类似操作会增加抖音平台的工作量，让平台对账号产生不好的印象。

（3）频繁地进行类似的操作也就意味着需要花更多时间在相同的操作上，这样在账号的运营过程中花费的时间成本会大幅提高。

（4）抖音用户可能是因为某些感兴趣的内容才关注运营者账号，由于频繁地操作，使得抖音用户难以找到感兴趣的内容，那么，抖音用户很可能会选择取消关注。比如，当运营者将个人信息全部进行了修改，并删除了部分短视频之后，抖音用户可能就会觉得这个账号变得陌生了。甚至部分抖音用户还会以为是自己不小心点错了关注进而取消关注。

3.4.5 不要随意删除视频作品

很多短视频都是在发布了一周甚至一个月以后，才突然火爆起来的。所以在抖音上其实人人都是平等的，唯一不平等的就是内容的质量。抖音电商运营者的抖音账号是否能够快速冲上一百万粉丝，是否能够快速吸引目标用户的眼球，最核心的点还是在内容。

在抖音里很强调一个核心词，叫"时间性"。因为很多人在运营抖音时都有一个不好的习惯，那就是当他们发现某个视频的整体数据很差时，就会把这个视频删除。大家千万不要去删除之前发布的视频，尤其是当自己的账号还处在稳定成长的时候，删除作品对账号有很大的影响。

删除作品可能会减少抖音账号上热门的机会，减少内容被再次推荐的可能性。而且过往的权重也会受到影响，因为如果一个账号本来已经运营维护得很好了，内容已经能够很稳定地得到推荐，此时把之前的视频删除，可能就会影响到当下已经拥有的整体数据。

这就是"时间性"的表现，那些默默无闻的作品，可能过一段时间又能够得到流量扶持或曝光，因此，抖音电商运营者不要轻易删除自己的视频作品。

第4章

爆款标题，不会这些招式就真落伍了

学前提示

　　许多抖音用户在看短视频时，首先注意到的就是它的标题。因此，短视频的标题好不好，对它的相关数据有很大的影响。

　　那么，如何打造爆款标题呢？一起来掌握本章介绍的这些招式，不然就真的落伍了。

要点展示

- 标题创作的要点
- 好标题要这样写
- 12 种吸睛标题套路
- 撰写标题的主要误区

4.1 标题创作的要点

作为抖音短视频的重要部分，标题是短视频运营者需要重点关注的内容。标题创作必须掌握一定的技巧和写作标准，只有熟练掌握标题撰写必备的要素，才能更好、更快地写出引人注目的标题。

那么，在撰写抖音短视频标题时，应该重点关注哪些方面，来进行切入和语言组织呢？接下来，就一起来学习标题创作的要点。

4.1.1 不做标题党

标题是抖音短视频的"窗户"，抖音用户要是能从这一扇窗户之中看到短视频内容的浓缩提炼，就说明这一作品标题是合格的。换句话说，标题就是要体现出短视频内容的主题。

虽然标题就是要起到吸引受众的作用，但是如果受众被某一短视频标题吸引而进入短视频之后，却发现标题和视频内容并不十分吻合，甚至完全没有联系，就会降低受众对抖音短视频的信任度，从而拉低抖音短视频的点赞和转发量。

这也要求抖音电商运营者在撰写短视频标题的时候，一定要注意所写的标题与视频主题的紧密联系，切勿"挂羊头卖狗肉"，做标题党。而应该像图 4-1 所示一样，尽可能地让标题与内容紧密关联。

图 4-1　与内容主题紧密联系的标题案例

4.1.2　重点要突出

　　一个标题的好坏直接决定了短视频点击量、完播率的高低，所以，在撰写标题时，一定要重点突出，简洁明了，标题字数不要太长，最好是能够朗朗上口，这样才能让受众在短时间内就能清楚地知道作品想要表达的是什么，他们也就自然愿意点击查看短视频内容了。

　　在撰写标题的时候，切忌标题成分过于复杂。一个语言简洁、重点突出的标题，不仅方便阅读，而且结合视频画面可以给人以舒适的视觉感受。如图4-2所示的短视频标题只有短短两个字，但抖音用户却能从中直观地看出短视频的主要内容，这样的标题就是好标题。

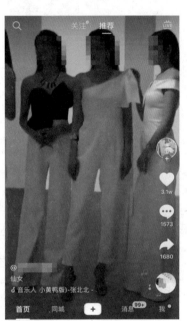

图4-2　简短标题的案例

4.1.3　使用吸睛词汇

　　标题是一个短视频的"眼睛"，在短视频中起着十分重要的作用。标题展示着一个短视频的大意、主旨，甚至是对故事背景的诠释，所以，一个短视频相关数据的高低，与标题有着不可分割的联系。

　　短视频标题，要想吸引受众，就必须要有其吸睛之处。什么技巧能有助于吸睛呢？在撰写标题的时候，抖音电商运营者加入一些能够吸引受众眼球的词汇，比如"惊现""福利""秘诀""震惊"等。这些"吸睛"词汇，要么能引起抖音用户的好奇心，要么能直击抖音用户的痛点，如图4-3所示。

图4-3　利用吸睛词汇的标题案例

4.2　好标题要这样写

一个视频，最先吸引浏览者的是什么？毋庸置疑是标题，好的标题才能让浏览者点进去查看视频内容，让视频快速火爆成为热门。因此，拟写视频内容的标题就显得十分重要。而掌握一些标题创作技巧也就成了每个抖音电商运营者必须要掌握的核心技能。

4.2.1　拟写标题，3大原则

评判一个视频标题的好坏，不仅仅要看它是否有吸引力，还需要参照其他的一些原则。在遵循这些原则的基础上撰写的标题，能让抖音电商运营者的抖音视频更容易上热门。这些原则具体如下。

1. 换位原则

抖音电商运营者在拟定视频标题时，不能只站在自己的角度去想要推出什么，更要站在受众的角度去思考。也就是说，应该将自己当成受众，如果你想知道这个问题，你会用什么搜索词进行搜索这个问题的答案，这样写出来的标题会更接近受众心理。

因此，抖音电商运营者在拟写标题前，可以先将有关的关键词输入搜索浏览器中进行搜索，然后从排名靠前的标题文案中找出它们的写作规律，再将这些规律用于自己要撰写的标题中。

2. 新颖原则

抖音电商运营者如果想要让自己的标题形式变得新颖，可以采用多种方法。那么，抖音电商运营者应该如何让视频的标题变得更加新颖呢？下面介绍几种比较实用的标题形式。

- 标题创作要尽量使用问句，这样比较能引起人们的好奇心，比如："谁来'拯救'缺失的牙齿？"这样的标题会更容易吸引受众。
- 标题创作时要尽量写得详细、细致，这样才会更有吸引力。
- 要尽量将利益写出来，无论是受众浏览视频内容后所带来的利益，还是视频中涉及的产品或服务所带来的利益，都应该在标题中直接告诉受众，从而增加标题对受众的影响力。

3. 关键词组合原则

通过观察，可以发现能获得高流量的标题，都是拥有多个关键词并且进行组合之后的标题。这是因为，只有单个关键词的标题，它的排名影响力不如多个关键词的标题。

例如，如果仅在标题中加入"面膜"这一个关键词，那么用户在搜索时，只有搜索到"面膜"这一个关键词，标题才会被搜索出来，而标题上如果含有"面膜""变美""年轻"等多个关键词，则用户在搜索其中任意关键词的时候，标题都会被搜索出来，标题"露脸"的机会也就更多了。

4.2.2　涵盖内容，凸显主旨

俗话说："题好一半文"。它的意思就是说，一个好的标题就等于一半的文案内容。衡量一个标题好坏的方法有很多，而标题是否体现视频内容的主旨就是衡量标题好坏的一个主要参考依据。

如果一个标题不能够做到让受众看见它的第一眼就明白它想要表达的内容，并由此得出该视频是否具有点击查看的价值，那么受众在很大程度上就会放弃查看视频。

标题是否体现视频内容的主旨这一衡量依据，将会造成什么样的结果呢？具体分析如图 4-4 所示。

经过分析，大家可以直观地看出，标题是否体现视频主旨会直接影响抖音视频的营销效果。所以，抖音电商运营者想要让自己的视频上热门的话，在撰写标题的时候一定要多注意视频的标题是否体现了其主旨。

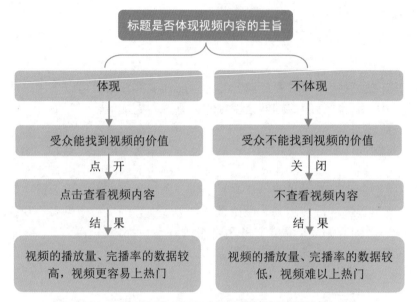

图 4-4 标题是否体现视频内容的主旨将造成的结果分析

4.2.3 掌握词根，增加曝光

在前文中介绍了写标题要遵守关键词组合的原则，这样才能凭借更多的关键词增加视频的"曝光率"，让自己的视频出现在更多抖音用户的面前。下面将介绍如何在标题中运用关键词。

进行视频标题撰写的时候，抖音电商运营者需要充分考虑怎样去吸引目标受众的关注。而要实现这一目标，就需要从关键词着手。而要在标题中运用关键词，就需要考虑关键词是否含有词根。

词根指的是词语的组成根本，只要有词根我们就可以组成不同的词。抖音电商运营者在标题中加入有词根的关键词，才能将视频的搜索度提高。

例如，一个视频标题为"十分钟教你快速学会手机摄影"，在这个标题中"手机摄影"就是关键词，而"摄影"就是词根，根据词根我们可以写出更多的与摄影相关的标题。

4.3 12 种吸睛标题套路

在抖音运营过程中，标题的重要性不言而喻，正如曾经流传的一句话："标题决定了 80% 的流量"。虽然其来源和准确性不可考，但其中涉及的关于标题重要性的话题是值得重视的。

本节将针对怎样设置标题和利用什么表达方式去设置标题进行解读剖析。

4.3.1 福利型：直接抛出诱饵

福利型的标题是指在标题上向受众传递一种"查看这个短视频你就赚到了"的感觉，让抖音用户自然而然地想要看完短视频。一般来说，福利型标题准确把握了抖音用户贪图利益的心理需求，让抖音用户一看到"福利"的相关字眼就会忍不住想要了解短视频的内容。

福利型标题的表达方法有两种，一种是直接型，另一种则是间接型。虽然表达方法不同，但是效果相差无几，具体如图 4-5 所示。

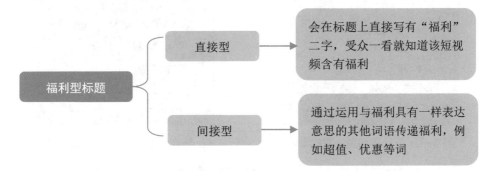

图 4-5 福利型标题的表达方法

值得注意的是，在撰写福利型标题的时候，无论是直接型还是间接型，都应该掌握如图 4-6 所示的 3 点技巧。

直接福利型和间接福利型，这两种不同的标题案例有不同的特色，如图 4-7 和图 4-8 所示为两种福利型标题的案例。

这两种类型的福利型标题虽然稍有区别，但本质上都是通过"福利"来吸引受众的眼球，从而提升短视频的点击率。

福利型的标题通常会给受众带来一种惊喜之感，试想，如果短视频标题中或明或暗地指出含有福利，你难道不会心动吗？

图 4-6 福利型标题的撰写技巧

图 4-7　直接福利型标题的案例　　　图 4-8　间接福利型标题的案例

福利型标题既可以吸引抖音用户的注意力，又可以为抖音用户带来实际利益，可谓一举两得。当然，福利型标题在撰写的时候也要注意，不要因为侧重福利而偏离了主题，而且最好不要使用太长的标题，以免影响短视频的传播效果。

4.3.2　价值型：传授实用技巧

价值型标题是指向抖音用户传递一种只要查看了短视频就可以掌握某些技巧或者知识的信心。

这种类型的标题之所以能够引起受众的注意，是因为抓住了人们想要从短视频中获取实际利益的心理。许多抖音用户都是带着一定的目的刷抖音的，要么是希望短视频含有福利，比如优惠、折扣；要么是希望从短视频中学到一些有用的知识和技巧。因此，价值型标题的魅力是不可阻挡的。

在打造价值型标题的过程中，往往会碰到这样一些问题，比如"什么样的技巧才算有价值？""价值型的标题应该具备哪些要素？"等。那么，价值型的标题到底应该如何撰写呢？如图 4-9 所示有 3 点撰写技巧。

值得注意的是，在撰写价值型标题时，最好不要提供虚假的信息，比如"一分钟一定能够学会 XX""3 大秘诀包你 XX"等。价值型标题虽然需要添加夸张的成分在其中，但要把握好度，要有底线和原则。

使用比较夸张的语句突出价值

撰写价值型标题的技巧

懂得一针见血地抓住受众的需求

重点突出技巧和知识点好学、好用

图 4-9　撰写价值型标题的技巧

　　价值型标题通常会出现在技术类的文案之中，主要是为受众提供实际好用的知识和技巧，如图 4-10 所示为价值型标题的典型案例。

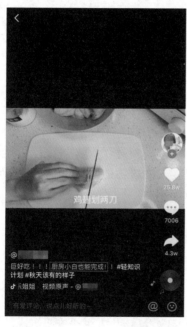 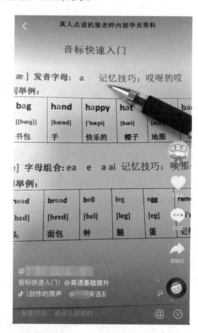

图 4-10　价值型标题的案例

　　抖音用户在看见这种价值型标题的时候，就会更加有动力去查看短视频的内容，因为这种类型的标题会给人一种学习这个技巧很简单，不用花费过多的时间和精力的印象。

4.3.3　励志型：鼓舞受众情绪

　　励志型标题最为显著的特点就是"现身说法"，一般是通过第一人称的方法讲故事，故事的内容包罗万象，但总的来说离不开成功的方法、教训以及经验等。

　　如今很多人都想致富，却苦于没有致富的定位，如果这个时候给他们看励志型短视频，让他们知道企业是怎样打破枷锁，走上人生巅峰的。他们就很有可能对带有这类标题的内容感到好奇，因此这样的标题结构就会看起来具有独特的吸引力。励志型标题模板主要有两种，如图4-11所示。

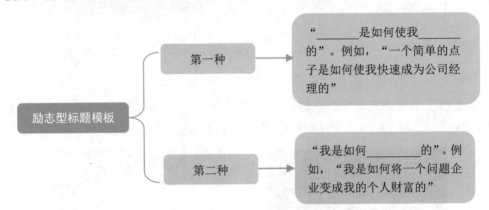

图4-11　励志型标题的两种模板

励志型标题的好处在于煽动性强，容易制造一种鼓舞人心的感觉，勾起抖音用户的欲望，从而提升短视频的完播率。

那么，打造励志型的标题是不是单单依靠模板就好了呢？答案是否定的，模板固然可以借鉴，但在实际的操作中，还是要根据内容的不同而研究特定的励志型标题。在实际操作中有3种经验技巧可供借鉴，如图4-12所示。

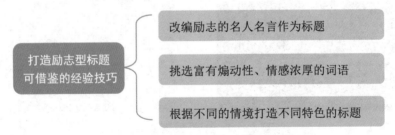

图4-12　打造励志型标题可借鉴的经验技巧

一个成功的励志型标题不仅能够带动受众的情绪，而且还能促使抖音用户对短视频产生极大的兴趣。图4-13所示为励志型标题的典型案例展示，都带有较强的励志情感。

励志型标题一方面是利用抖音用户想要获得成功的心理，另一方面则是巧妙掌握了情感共鸣的精髓，通过带有励志色彩的字眼来引起受众的情感共鸣，从而成功吸引受众的眼球。

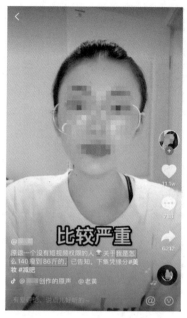

图 4-13 励志型标题的案例

4.3.4 冲击型：造成感官刺激

不少人认为："力量决定一切"。这句话虽带有绝对化的主观意识在其中，但还是有一定道理的。其中，冲击力作为力量范畴中的一员，在创作抖音短视频标题中有着它独有的价值和魅力。

所谓"冲击力"，即带给人在视觉和心灵上的触动的力量，也即引起抖音用户关注的原因所在。

在撰写具有冲击力的标题时，要善于利用"第一次"和"比……还重要"等类似较具有极端性特点的词汇——因为受众往往比较关注那些具有特别突出特点的事物，而"第一次"和"比……还重要"等词汇是最能充分体现其突出性的，往往能带给受众强大的戏剧冲击感和视觉刺激感。

图 4-14 所示为一些带有冲击感（即冲击型）的抖音短视频标题的案例。这两个短视频的标题就是利用"第一次"和"比……还重要"这种较极端性的语言，给抖音用户造成了一种视觉乃至心理上的冲击。

图 4-14　冲击型标题的案例

4.3.5　揭露型：激发受众兴趣

揭露真相型（简称"揭露型"）标题是指为受众揭露某件事物不为人知的秘密的一种标题。大部分人都会有一种好奇心和八卦心理，而这种标题则恰好可以抓住受众的这种心理，从而给受众传递一种莫名的兴奋感，充分引起受众的兴趣。

抖音电商运营者可以利用揭露型标题做一个长期的专题，从而达到一段时间内或者长期凝聚受众的目的。而且，这种类型的标题比较容易打造，只需把握如图 4-15 所示的 3 大要点即可。

图 4-15　打造揭露型标题的要点

揭露型标题，最好在标题之中显示出冲突性和巨大的反差，这样可以有效吸引受众的注意力，使得受众认识到短视频内容的重要性，从而愿意主动查看短视频，提升短视频的完播率。

图 4-16 所示为揭露型短视频标题的案例，这两个短视频的标题都侧重于揭露事实真相，内容也是侧重于讲解不为人知的新鲜知识，从标题上就做到了先发制人，因此能够有效吸引受众的目光。

图 4-16　揭露型标题的案例

4.3.6　悬念型：用疑问作噱头

好奇是人的天性，悬念型标题就是利用人的好奇心来打造的，首先抓住受众的眼球，然后提升受众查看短视频的兴趣。

标题中的悬念是一个诱饵，引导抖音用户查看短视频的内容，因为大部分人看到标题里含有没被解答的疑问和悬念，就会忍不住进一步弄清楚到底是怎么回事。这就是悬念型标题的套路。

悬念型标题在日常生活中运用得非常广泛，也非常受欢迎。人们在看电视、综艺节目的时候也会经常看到一些节目预告类的广告，这些广告就会采取这种悬念型的标题引起观众的兴趣。利用悬念撰写标题的方法通常有 4 种，如图 4-17 所示。

悬念型标题的主要目的是增加短视频的可看性，因此抖音电商运营者需要注意的一点是，使用这种类型的标题，一定要确保短视频内容确实是能够让抖音用户感到惊奇、充满悬念的。不然就会引起受众的失望与不满，继而就会让抖音用户对你的抖音号产生质疑，影响它在抖音用户心中的美誉度。

利用悬念撰写
标题的常见方法

利用反常的现象造成悬念

利用变化现象造成悬念

利用用户的欲望造成悬念

利用不可思议的现象造成悬念

图 4-17　利用悬念撰写标题的常见方法

　　悬念型的标题是抖音电商运营者青睐有加的标题类型之一，它的效果也是有目共睹的。如果不知道怎么取标题，悬念型标题是一个很不错的选择。

　　很多短视频都采用了这一标题类型来引起受众的注意力，从而达到较为理想的营销效果和传播效果。如图 4-18 所示为悬念型标题的典型案例。

图 4-18　悬念型标题的案例

4.3.7　借势型：借助热门内容

　　借势是一种常用的标题创作手法，借势不仅完全是免费的，而且效果还很可观。借势型标题是指在标题上借助社会上一些事实热点、新闻的相关词汇来给短视频造势，增加点击量。

　　借势一般都是借助最新的热门事件吸引受众的眼球。一般来说，事实热点拥有一大批关注者，而且传播的范围也会非常广，抖音短视频标题借助这些热点就可以让抖音用户搜索到该短视频，从而吸引用户查看短视频的内容。

那么，在创作借势型标题的时候，应该掌握哪些技巧呢？大家可以从如图4-19所示的3个方面来努力。

图4-19　打造借势型标题的技巧

2019年新中国成立70周年之际，电影《我和我的祖国》热播，并快速引来大量观众的热议。正是因为这一点，许多抖音电商运营者在标题创作时借助了该热点，如图4-20所示。

图4-20　借助电影《我和我的祖国》的借势型标题案例

值得注意的是，在打造借势型标题的时候，要注意两个问题：一是带有负面影响的热点不要蹭，大方向要积极向上，充满正能量，带给受众正确的思想引导；二是最好在借势型标题中加入自己的想法和创意，然后将发布的短视频与之相结合，做到借势和创意的完美同步。

4.3.8 警告型：给出强烈暗示

警告型标题常常通过发人深省的内容和严肃深沉的语调给受众以强烈的心理暗示，从而给抖音用户留下深刻印象。尤其是警告型的新闻标题，常常被很多抖音电商运营者所追捧和模仿。

警告型标题是一种有力量且严肃的标题，也就是通过标题给人以警醒作用，从而引起抖音用户的高度注意，它通常会将以下3种内容移植到短视频标题中，如图4-21所示。

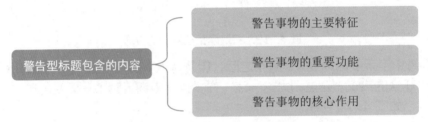

图4-21 警告型标题包含的内容

那么，警告型标题应该如何构思打造呢？很多人只知道警告型标题能够起到比较显著的影响，容易夺人眼球，但具体如何撰写却是一头雾水。下面分享的3点技巧供大家参考，如图4-22所示。

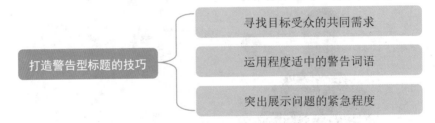

图4-21 打造警告型标题的技巧

在运用警告型标题时，需要注意标题用语与短视频内容是否匹配，因为并不是每一个抖音短视频都可以使用这种类型的标题。

这种标题形式运用得恰当，则能加分，起到其他标题无法替代的作用。运用不当的话，很容易让抖音用户产生反感情绪或引起一些不必要的麻烦。因此，抖音电商运营者在使用警告型新闻标题的时候要谨慎小心，注意用词恰当，绝对不能草率行文，不顾内容强行乱取标题。

警告型标题可以应用的场景有很多，无论是技巧类的短视频内容，还是供大众娱乐消遣的娱乐八卦新闻，都可以用到这一类型的标题形式。图4-23所示为带有警告型标题的短视频案例，第一个短视频标题中的"注意"是关键词，让抖音用户一眼就锁定，从而产生查看短视频的兴趣；而第二个短视频标题中的"警惕"，既起到了警告受众的作用，又吸引了受众想看短视频的内容。

图 4-23　警告型标题的案例

选用警告型标题这一标题形式，主要是为了提升抖音用户的关注度，大范围地传播短视频。因为警告的方式往往更加醒目，触及到抖音用户的切身利益，如果这样做可能会让自己的利益受损，那么本来不想看短视频的抖音用户，也会点击查看。因为涉及自身利益的事情都是抖音用户最关心的。

4.3.9　急迫型：营造紧张气氛

很多人或多或少都会有一点拖延症，总是需要在他人的不断催促下才愿意动手做一件事。富有急迫感的标题就有一种类似于催促受众赶快查看短视频的意味在里面，它能够给抖音用户传递一种紧迫感。

使用急迫型标题时，往往会让抖音用户产生现在就会错过什么的感觉，从而立马查看短视频。那么，这类标题应该如何打造呢？相关技巧总结如图 4-24 所示。

打造急迫型标题的技巧

- 在急迫之中结合受众的痛点和需求
- 突出显示短视频内容需要查看的紧迫性
- 加入"赶快行动、手慢无"等词语

图 4-24　打造急迫型标题的技巧

急迫型标题，是促使受众行动起来的最佳手段，而且也是切合受众利益的一种标题打造类型。图4-25所示为急迫型标题的典型案例。

图4-25　急迫型标题的案例

4.3.10　观点型：表达自身想法

观点型标题，是以表达观点为核心的一种标题撰写形式，一般会在标题上体现精准到人，并且把人名公开写在标题之中。值得注意的是，这种类型的标题还会在人名的后面紧接对某件事的个人观点或看法。

观点型标题比较常见，而且可使用的范围比较广泛，常用公式有如图4-26所示的5种。

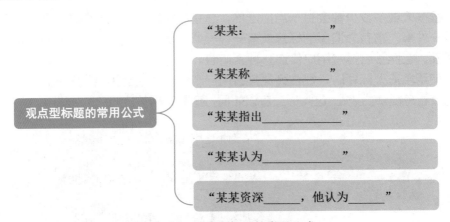

图4-26　观点型标题的常用公式

当然，公式是一个比较刻板的东西，在实际撰写标题的过程中，不可能完全按照公式来套，只能说它可以为我们提供大致的方向。在具体撰写观点型标题时，也可以借鉴如图 4-27 所示的撰写技巧。

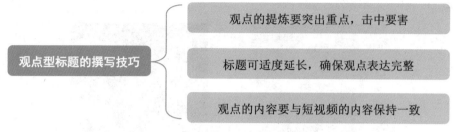

图 4-27　观点型标题的撰写技巧

观点型标题的好处在于一目了然，"人物＋观点"的形式往往能在第一时间引起受众的注意，特别是当人物的名气比较大时，可以更好地提升短视频的播放率。

4.3.11　独家型：分享独有资源

独家型标题，也就是从标题上体现抖音电商运营者所提供的信息是独有的珍贵资源，值得抖音用户去点击和转发。从抖音用户的心理方面而言，独家型标题所代表的内容一般会给人一种自己率先获知、别人所没有的感觉，因而在心理上更容易获得满足。

在这种情况下，好为人师和想要炫耀的心理就会驱使受众自然而然地去转发短视频，成为短视频潜在的传播源和发散地。

独家型标题会给受众带来独一无二的荣誉感，同时还会使得短视频内容更加具有吸引力，那么，在撰写这样的标题时，我们应该怎么做呢？是直接点明"独家资源，走过路过不要错过"，还是运用其他的方法来暗示抖音用户这则短视频的内容是与众不同的呢？

在这里，提供如图 4-28 所示的 3 点技巧，帮助大家成功打造出夺人眼球的独家型标题。

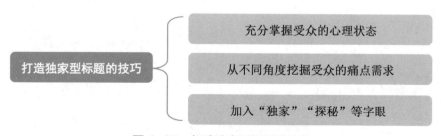

图 4-28　打造独家型标题的技巧

使用独家型标题的好处在于可以吸引到更多的受众，让抖音用户觉得短视频内容比较珍贵，从而主动宣传和推广，达到广泛传播的效果。如图4-29所示为独家型标题的典型案例。

图4-29　独家型标题的案例

独家性的标题往往也暗示着短视频内容的珍贵性，因此撰写者需要注意，如果标题使用的是带有独家性质的形式，就必须保证短视频的内容也是独一无二的。独家性的标题要与独家性的内容相结合，否则会给抖音用户造成负面的印象，从而影响后续短视频的点击量。

4.3.12　数字型：具体量化信息

数字型标题是指在标题中呈现出具体的数字，通过数字的形式来概括相关的主题内容。数字不同于一般的文字，它会带给抖音用户比较深刻的印象，与抖音用户的心灵产生奇妙的碰撞，很好地吸引抖音用户的好奇心理。

在短视频中采用数字型标题有不少好处，具体体现在如图4-30所示的3个方面。

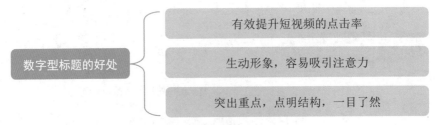

图4-30　数字型标题的好处

值得注意的是，数字型的标题也很容易打造，因为它是一种概括性的标题，只要做到如图4-31所示的3点就可以撰写出来。

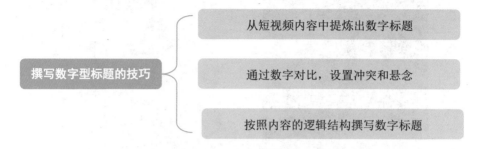

图4-31　撰写数字型标题的技巧

此外，数字型标题还包括很多不同的类型，比如时间、年龄等，具体来说可以分为如图4-32所示的3种。

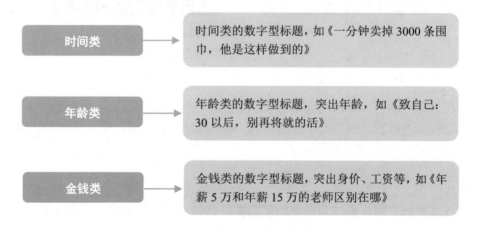

图4-32　数字型标题的类型

数字型的标题比较常见，它通常会采用悬殊的对比、层层的递进等方式呈现，目的是为了营造一个比较新奇的情景，对受众产生视觉上和心理上的冲击。如图4-33所示为数字型标题的案例。

事实上，很多内容都可以通过具体的数字总结和表达，只要把想重点突出的内容提炼成数字即可。同时还要注意的是，在打造数字型标题的时候，最好使用阿拉伯数字，统一数字格式，尽量把数字放在标题前面。

图 4-33　数字型标题的案例

4.4　撰写标题的主要误区

在撰写标题时，抖音电商运营者还要注意不要走入误区，一旦标题失误，便会对短视频的数据造成不可小觑的影响。本节将从标题容易出现的 6 大误区出发，介绍如何更好地打造短视频标题。

4.4.1　表述含糊

在撰写标题时，要注意避免为了追求标题的新奇性而表述含糊的现象。很多抖音电商运营者为了使自己的短视频标题更加吸引抖音用户的目光，一味地追求标题上的新奇，这可能会导致标题的语言含糊其辞。

何为表述含糊？所谓"含糊"，是指语言不确定，表达方式或表达的含义模棱两可。在标题上表述"含糊"，就会造成抖音用户完全不知道抖音电商运营者想要表达的是什么，从而忽略查看短视频。

因此，在撰写标题时，抖音电商运营者尤其要注意标题表达清晰、重点明确，要让抖音用户看到标题的时候，就能知道或猜出短视频内容的大概意思。要想表述清晰，就要做到找准内容的重点，明确内容中的名词，如人名、地名、事件名等。

4.4.2 无关词汇

一些抖音电商运营者为了让自己的标题变得出奇有趣，将一些与标题没有多大联系，甚至是根本没有关联的词汇夹杂在标题之中，想以此达到吸引抖音用户注意力的效果。

这样的标题在刚开始时能引起抖音用户的注意，但时间久了，抖音用户便会拒绝这样随意添加无关词汇的不知所云标题。由此造成的负面影响对于一个品牌或者产品来说却是长久的。所以，抖音电商运营者在撰写标题时，一定不要在标题中使用无关词汇。

在标题中使用无关的词汇，也有多种类型，如图 4-34 所示。

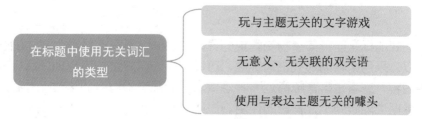

图 4-34 在标题中使用无关词汇的类型

在撰写标题时，词汇的使用一定要与短视频的标题和内容有所关联，抖音电商运营者在摒弃无关词汇时应学会巧妙地将词汇与短视频标题的内容紧密结合，使词汇和标题内容融会贯通，相互照应，只有做到如此，才能算是撰写出了吸引抖音用户的好标题。否则，不仅会对抖音用户造成一定程度的欺骗，也会变成所谓的"标题党"。

4.4.3 负面表达

撰写一个标题，其目的就在于吸引抖音用户的目光，只有抖音用户被标题吸引，他们才会去查看短视频的内容。基于这一目的，也涌现出许多一味追求吸睛而大面积使用负面表达撰写标题的现象。

人天生都愿意接受好的东西，而不愿意接受坏的东西，趋利避害，是人的天性，无法改变。这一情况也提醒着抖音电商运营者，在撰写标题时要尽量避免太过负面的表达方式，而是要用正面的、健康的、积极的方式来表达，给予抖音用户积极、向上、健康的引导。例如，在表达食用盐时，最好采用"健康盐"的说法，如标题《教你如何选购健康盐》，要避免使用"对人体有害"这种负面表达，只有这样才能让短视频内容和产品更容易走进抖音用户心里。

4.4.4　虚假自夸

抖音电商运营者在撰写标题时，虽说要用到文学中的一些手法，比如夸张、比喻等，但这并不代表就能毫无上限地夸张，把没有的说成有的，把虚假说成真实。在没有准确数据和调查结果的情况下冒充"第一"。这些都是不可取的。

抖音电商运营者在撰写标题时，要结合自身品牌的实际情况，来进行适当的艺术上的描写。如果想要使用"第一"或者意思与之差不多的词汇，不仅要得到有关部门的允许，还要有真实的数据调查。否则随意使用"第一"，不仅对自身品牌形象造成不利的影响，还会对抖音用户造成欺骗和误导。当然，这也是法律所不允许的。

4.4.5　比喻不当

比喻式的标题能将某事物变得更为具体和生动，具有化抽象为具体的强大功能。所以，采用比喻的形式撰写标题，可以让抖音用户更加清楚地理解标题当中出现的内容，或者是抖音电商运营者想要表达的思想和情绪。这对于提高短视频的相关数据也能起到十分积极的作用。

但是，在标题中运用比喻，也要注意比喻是否得当的问题。一些抖音电商运营者在追求用比喻式的标题来吸引抖音用户目光的时候，常常会出现比喻不当的错误，也就是指本体和喻体没有太大联系，毫无相关性的情况。

在标题之中，一旦比喻不当，抖音电商运营者就很难在标题之中达到自己想要的效果，那么标题也就失去了它存在的意义。这不仅不能被抖音用户接受和喜爱，还可能会因为比喻不当，让用户产生质疑和困惑，从而影响短视频的传播效果。

4.4.6　强加于人

强加于人，就是将一个人的想法或态度强行加到另一个人身上，不管对方喜不喜欢，愿不愿意。在撰写标题当中，"强加于人"就是指抖音电商运营者将本身或者某一品牌的想法和概念植入到标题之中，强行灌输给抖音用户，给抖音用户一种气势凌人的感觉。

对比，抖音用户不仅不会接受该标题所表达的想法，还会产生抵触心理——越是让抖音用户看，抖音用户就越是不会看；越是想让抖音用户接受，抖音用户就越是不接受。如此循环往复，最后受损失的还是抖音电商运营者自己，或者是某品牌自身。例如，《如果秋冬你只能买一双鞋，那必须是它》《今年过节不收礼，收礼只收洁面仪！》就是"强加于人"标题的典型案例。

第5章
视频文案怎样写，吸睛、增粉两不误

学前提示

　　一个好的视频文案，能够快速吸引抖音用户的注意力，让发布它的抖音账号快速增加大量粉丝。那么，如何才能写好视频文案，做到吸睛、增粉两不误呢？这一章，就来给大家支一些招。

要点展示

- 文案重在文字表达
- 文案内容可以这么写
- 评论区文案写作技巧
- 文案写作的主要禁区

5.1 文案重在文字表达

抖音电商运营者要想高效率、高质量地撰写出视频文案，除了掌握写作技巧之外，还需要学会玩转文字，让表达更符合抖音用户的口味。

5.1.1 语义通俗易懂

文字不仅要通俗易懂，还要做到雅俗共赏。这既是文案文字的基本要求，也是在文案创作的逻辑处理过程中，抖音电商运营者必须了解的思维技巧之一。

从本质上而言，通俗易懂并不是要将文案中的内容省略掉，而是通过文字组合展示内容，让抖音用户在看到文案之后，便心领神会。图5-1所示为李佳琦的短视频封面文案，这些文案的文字特色就是通俗易懂，让抖音用户一看就能明白短视频将要讲哪方面的内容。

图5-1 通俗易懂的文案文字

从通俗易懂的角度出发，我们追求的主要是文字所带来的实际效果，而非文学上的行文考究。那么，如何让文字起到更好的实际效果呢？抖音电商运营者不妨从以下3个方面进行考虑。

（1）是否适合选择的媒体；

（2）是否适合产品的市场；

（3）是否适合产品的卖点。

5.1.2　删除多余内容

　　成功的文案往往表现统一，失败的文案则是原因众多。在可避免的问题中，文字的多余赘述是失败的主因，其导致的结果主要包括内容毫无意义、文字说服力弱和问题模棱两可等。

　　解决多余文字最为直接的方法就是将其删除，这也是强调与突出关键字句最为直接的方法。如图 5-2 所示，为京东的一则广告文案，它所呈现的就是直接告诉抖音用户"双十一"全球好物节京东有大量 8 折耳机优惠券可以领取，而没有说其他多余的内容。

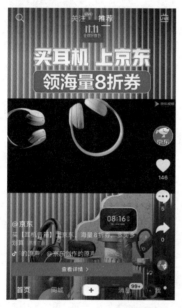

图 5-2　京东的广告文案

　　删除多余的内容尤其对于提高广告文案的可读性来说是一种非常聪明的做法。一方面，多余的内容被删除之后，重点内容更加突出，抖音用户能够快速把握抖音电商运营者要传达的意图；另一方面，多余的内容被删除之后，内容将变得更加简练，同样的内容能够用更短的时间进行传达，提升了抖音用户阅读与视觉的舒适感。

5.1.3　少用专业术语

　　专业术语是指特定领域和行业中，对一些特定事物的统一称谓。在现实生活中，专业术语十分常见，如在家电维修业中对集成电路称作 IC；添加编辑文件称加编；大企业中称行政总裁为 CEO 等。

专业术语的实用性往往不统一，但是从文案写作的技巧出发，常常需要将专业术语用更简洁的方式替代。专业术语的通用性比较强，但是文案中却不提倡使用。相关的数据研究也显示专业术语并不适合给大众阅读，尤其是在快节奏化的生活中，节省受众的时间和精力，提供良好的阅读体验才是至关重要的。

图 5-3 所示为某电脑广告文案的部分内容，可以看到在这则文案中有一些行外人看不太懂的词汇，如"技嘉 rtx2060 gaming oc pro""海盗船 8g3000 两根"等。这样就会让一些不太懂行的抖音用户看得一头雾水。

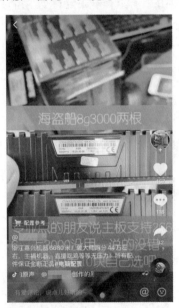

图 5-3　某电脑的广告文案

当然，减少术语的使用量并不是不能使用专业术语，而是要控制使用量，并且适当对专业术语进行解读，让受众知道文案中专业术语表达的意思，把专业内容变得通俗化。

5.1.4　内容重点突出

文案主题是整个文案的生命线，抖音电商运营者要以内容为中心，用心构思挖掘，确保主题的绝妙性，并有一定的真实价值。只有确保文案主题的效果才能实现整个文案内容的成功。

在任何一个文案中，中心内容是灵魂，既要简洁又要醒目，在广告类文案中，甚至只有一句话。如图 5-4 所示的文案主要是向抖音用户征集新单曲的歌名，所以该抖音视频主人直接将自己的目的用比较大的字号，写了出来，放在了视频画面的上方，让抖音用户一看就能明白。

　　需要注意的是，抖音电商运营者要想突出文案的中心内容，还要提前对相关的受众群体等有一个定位，比如一款抗皱性能突出的衬衣，其相关的定位应该从图 5-5 所示的 3 个方面入手。

图 5-4　重点突出的文案

图 5-5　衬衣文案的内容定位

5.1.5　思路清晰顺畅

　　在文案创作的写作思路中，常用的主要有归纳、演绎、因果、比较、总分和递进等思路，其中应用最为广泛的，主要是归纳、演绎和递进 3 种。而这 3 种写作思路同样都遵循循序渐进的基本要求，其相关分析如图 5-6 所示。

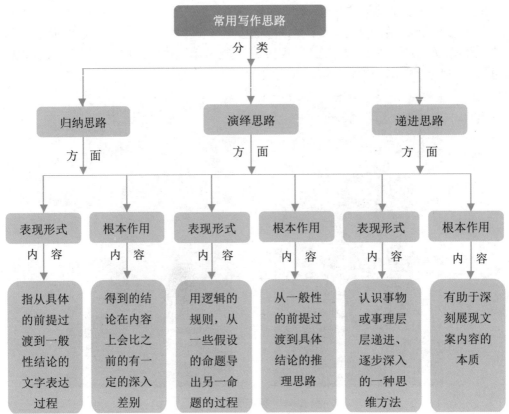

图 5-6　常用写作思路的相关分析

5.1.6　适当控制长度

控制字数，主要是将文案内容的字数稳定在一个可以接受的范围内。除此之外，就是创造一定的韵律感，这种方式在广告类的文案中比较常见。

控制段落字数同样有突出文字内容的作用，在长篇的文案中采用较多，主要是起到强调的作用，让视频的整体文案内容显得长短有致。这同样考验抖音电商运营者的能力。

用一句话作为单独的文案，突出展现内容是文案写作的常用技巧。一句话的模式能够突出内容，也能够使呆板的文案形式变得生动。如果突然出现一句话成为单个段落，受众的注意力就会被集中过来。

在文案中，更为常见的就是一句话式的广告文案，文字精练，效果突出，甚至不需要前期的大段文字铺垫，就能够吸引到受众的兴趣。图 5-7 所示为某净水器的一句话式广告文案。

图5-7 一句话文案展示

5.2 文案内容可以这么写

文案是商业宣传中较为重要的一个环节，从其作用来看，优秀的文案具备强烈的感染力，能够给商家带来数倍的收益和价值。在信息繁杂的网络时代，并不是所有的文案都能够获得成功，尤其是对于缺乏技巧的文案而言，获得成功并不是轻而易举的事情。

从文案写作的角度出发，文案内容的感染力来源主要分为5个方面，而抖音电商运营者写文案时，就需要从以下这5个方面重点进行考虑。

5.2.1 根据规范进行宣传

随着互联网技术的发展，每天更新的信息量是十分惊人的。"信息爆炸"的说法主要就来源于信息的增长速度，庞大的原始信息量和更新的网络信息量通过新闻、娱乐和广告信息为传播媒介作用于每一个人。

对于抖音电商运营者而言，要想让文案被大众认可，在庞大的信息量中脱颖而出，那么首先需要做到的就是准确性和规范性。

在实际的应用中，准确性和规范性是对于任何文案写作的基本要求，具体的内容分析如图5-8所示。

文案中的表达应该是较规范和完整的，主要是避免语法错误或表达残缺

避免使用产生歧义或误解的词语，保证文案中所使用的文字要准确无误

准确规范的文案写作要求

不能创造虚假的词汇，文字表达要符合大众语言习惯，切忌生搬硬套

以通俗化、大众化的词语为主，但是内容却不能低俗和负面

图 5-8　准确规范的文案写作要求

图 5-9 所示的文案就是不符合规范的。这主要在于，其带有一点拜金主义的意味，向抖音用户传达的是一种非常负面的形象。可以想象，当抖音用户看到这则有些哗众取宠的文案时，对于其自以为幽默的内容，多少会有些排斥心理。

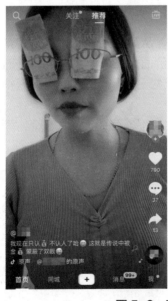

图 5-9　不符合规范的文案

之所以要准确、规范地进行文案的写作，主要就是因为准确和规范的文案信息更能被受众理解接受，从而促进视频内容的有效传播，才能创造更好的效益。

5.2.2 围绕热点打造内容

热点之所以能成为热点，就是因为有很多人关注，把它给炒热了。而一旦某个内容成为热点之后，许多人便会对其多一分兴趣。所以，在文案写作的过程中如果能够围绕热点打造内容，便能起到更好地吸引抖音用户的目的。

李现出演的某电视剧大火之后，许多女生便对剧中李现扮演的角色非常喜爱，甚至希望自己的男友也能像剧中李现扮演的角色那样对自己。于是，便将李现称为"现男友"。因此，随着该电视剧的热播和李现的走红，"现男友"一词一时之间也成为了一个热点。

荣耀手机商家正是捕捉到了许多人的想法，于是邀请李现进行代言，并围绕"现男友"一词，打造了短视频文案内容，如图 5-10 所示。果然，该短视频文案发布之后短期内便吸引了大量抖音用户的关注。该短视频的多项数据也创造了短视频的新高。由此不难看出围绕热点打造内容对于短视频宣传推广的助益。

图 5-10　围绕热点打造的文案

5.2.3 立足定位精准营销

精准定位同样属于文案的基本要求之一，每一个成功的广告文案都具备这一特点。图 5-11 所示为两个女装的广告文案。

图 5-11 女装广告文案

这两个广告文案的成功之处就在于根据自身定位，明确地指出了目标消费者是小个子女生，能够快速吸引大量精准用户的目光。抖音电商运营者要想做到精准的内容定位，可以从 4 个方面入手，如图 5-12 所示。

简单明了，以尽可能少的文字表达出产品精髓，保证广告信息传播的有效性

尽可能地打造精练的广告文案，用于吸引受众的注意力，也方便受众迅速记住相关内容

精准内容定位的相关分析

在语句上使用简短文字的形式，更好地表达文字内容，也防止受众产生阅读上的反感

从受众出发，对消费者的需求进行换位思考，并将相关的有针对性的内容直接表现在文案中

图 5-12 精准内容定位的相关分析

5.2.4 个性表达赢得关注

个性的文案表达，能营造出画面感，让受众看一眼就能记住文案内容。图

5-13 所示为部分关于手机壁纸的文案，其就是通过壁纸中文字的个性表达来赢得抖音用户关注的。

图 5-13　关于手机壁纸的文案

每一个优秀的文案在最初都只是一张白纸，需要抖音电商运营者不断地添加内容，才能够最终成型。要想个性有效地完成任务，就需要对相关的工作内容有一个完整认识。

而一则生动形象的文案则可以通过个性的表达，在吸引受众关注、快速让受众接收文案内容的同时，激发受众对文案中产品的兴趣，从而促进产品信息的传播和销售。

5.2.5　运用创意留下印象

创意对于任何行业的新媒体文案都十分重要，尤其是在网络信息极其发达的社会中，自主创新的内容往往能够让人眼前一亮，进而获得更多的关注。图 5-14 所示为将黏土和美食联系起来的文案。

这个文案中用各色黏土直接为抖音用户捏了一盘令人胃口大开的"面"，可谓是创意十足，在突出产品特色的情况下，更好地让抖音用户从视觉上接受视频中推销的产品。

创意是为文案主题进行服务的，所以文案中的创意必须与主题有直接关系，创意不能生搬硬套，牵强附会。在常见的优秀案例中，文字和图片的双重创意往往比单一的创意更能够打动人心。

图 5-14　创意十足的视频文案

对于正在创作中的文案而言，要想突出文案特点，那么在保持创新的前提下需要通过多种方式更好地打造文案本身。文案表达主要有 8 个方面的要求，具体为词语优美、方便传播、易于识别、内容流畅、契合主题、易于记忆、符合音韵和突出重点。

5.3　评论区文案写作技巧

说到文案，大多数抖音电商运营者可能更多的是想到短视频的内容文案。其实，除此之外，在抖音短视频的运营过程中还有一个必须重点把握的文案部分，那就是评论区文案。这一节将具体分析在评论区文案写作中的技巧。

5.3.1　根据视频内容自我评论

短视频文案中能够呈现的内容相对有限，这就有可能出现一种情况，那就是有的内容需要进行一些补充。此时，抖音电商运营者便可以通过评论区的自我评论来进一步进行表达。另外，在短视频刚发布时，可能看到的抖音用户不是很多，也不会有太多抖音用户评论。如果进行自我评论，也能从一定程度上起到提高抖音用户评论短视频的作用。

如图 5-15 所示，抖音电商运营者在发布短视频之后，主动根据视频内容进行了自我评价，并且在评价中插入了产品的详情链接。通过点击该链接，抖音用户就可以进一步了解视频中产品的相关信息。

图 5-15　根据视频内容自我评价插入产品信息

5.3.2　通过回复评论引导用户

除了自我评价补充信息之外，抖音电商运营者在创作评论文案时，还需要做好一件事，那就是通过回复评论解决抖音用户的疑问，引导抖音用户的判断，从而提高产品的销量。

如图 5-16 所示，抖音电商运营者在短视频发布之后，对评论中抖音用户的一些疑问进行了回复，让抖音用户明白怎样进行购买、有哪些人群能够用得上等。而疑问得到解答之后，抖音用户的购买需求自然会得到一定的提升。

图 5-16　通过回复评论引导用户

5.3.3 抖音评论的注意事项

回复抖音评论看似是一件再简单不过的事，实则不然。为什么这么说呢？这主要是因为在进行抖音评论时还需要注意以下事项。

1. 第一时间回复评论

抖音电商运营者应该尽可能地在第一时间回复抖音用户的评论，这主要有两个方面的作用。一是快速回复抖音用户能够让抖音用户感觉到你对他（她）很重视，这样自然能增加抖音用户对你和你的抖音账号的好感；二是回复评论能够在一定程度上增加短视频的热度，让更多抖音用户看到你的短视频。

因此，抖音电商运营者在短视频发布的一段时间内，一定要及时查看抖音用户的评论。一旦发现有新的评论，要在第一时间做出回复。

2. 不要重复回复评论

对于相似的问题，或者同一个问题，抖音电商运营者最好不要重复进行回复，这主要有两个原因。一是很多抖音用户的评论中或多或少会有一些营销的痕迹，如果重复回复，那么整个评价界面便会看到很多带有广告痕迹的内容，而这些内容往往会让抖音用户因产生阅读障碍而转移阵地。二是相似的问题、点赞相对较高的问题会排到评论的靠前位置，抖音电商运营者只需对点赞较高的问题进行回复，其他有相似问题的抖音用户自然就能看到。而且这样还能减少评论的回复工作量，节省大量的时间。

3. 注意规避敏感词汇

对于一些敏感的问题和敏感的词汇，抖音电商运营者在回复评论时一定要尽可能地进行规避。当然，如果避无可避那也可以采取迂回战术，如不对敏感问题作出正面的回答、用一些其他意思相近的词汇或用谐音代替敏感词汇。

5.4 文案写作的主要禁区

与硬广告相比，文案不仅可以提供品牌的知名度、美誉度，同时发布在门户站点的视频更能增加网站外链，提升网站权重。然而，想要撰写出一个好的视频文案并非易事，它对抖音电商运营者的专业知识和文笔功夫有着很高的要求。

不少抖音电商运营者在创作文案时，往往因为没有把握住文案编写的重点事项而以失败告终。下面就盘点一下文案编写过程中需要注意的6大禁忌事项。

5.4.1 中心不明确

有的抖音电商运营者在创作文案时，喜欢兜圈子，可以用一句话表达的意思非要反复强调，不但降低了文案的可读性，还可能会令抖音用户嗤之以鼻。尽管文案是广告的一种表现形式，但是它追求的是"润物细无声"，在无形中将所推广的信息传达给目标客户，过度地说空话、绕圈子，会有吹嘘之嫌。

此外，文案的目的是推广，因而视频文案都应当有明确的主题和内容焦点，并围绕该主题和焦点进行文字创作。然而，有的抖音电商运营者在创作文案时偏离主题和中心，东拉西扯，导致受众一头雾水，营销力也就大打折扣。

图 5-17 所示为某运动品牌广告视频文案的部分内容，笔者只是在原文案的基础上去掉了品牌 LOGO。从这个处理后的文案，你能从中看得出这是哪个品牌的营销文案吗？相信绝大部分受众是看不出来的。

图 5-17　某运动品牌广告文案的部分内容

广告文案的主要目的是营销，而如果在一个文案中却看不到品牌，也看不到任何营销推广的意图。那么这就是一则中心主题不明确的典型文案了。

5.4.2　求全不求精

视频文案写作无须很有特点，只需要有一个亮点，这样的文案就不会显得杂乱无章，并且更能扣住核心。

如今，很多的文案在传达某一信息时，看上去就像记"流水账"一般，毫无亮点，这样的文案不仅没有太大的价值，而且因为内容较多，缺少可读性，让受众不知所云。

不管是怎样的文案，都需要选取一个细小的点来展开脉络，通过一个亮点将文字有主题地聚合起来，形成一个价值性强的文案。

5.4.3　有量没有质

文案相对其他营销方式成本较低，成功的文案也有一定的持久性，一般视频内容成功发布后就会始终存在，除非发布的那个网站倒闭了。当然始终存在，并不能马上见效，于是有的运营者一天会发布几十个视频内容到门户网站。

事实上，文案营销并不是靠数量就能取胜的，更重要的还是质量，一个高质量的视频文案内容胜过十几个一般的视频文案内容。然而事实却是，许多抖音电商运营者为了保证推送的频率，宁可发一些质量相对较差的视频内容。

比如，有的抖音号中，几乎每天都会发布短视频，但是，自己的原创内容却很少。而这种不够用心的文案推送策略，所导致的后果就是内容发布出来之后却无人问津。

除此之外，还有部分抖音号的运营者仅仅将内容的推送作为一项自己要按时完成的任务，根本不注重内容是否可以吸引到目标用户。甚至于有的抖音电商运营者会将完全相同的文案内容，进行多次发布。像这类相同内容的文案，既无质量保障，还会造成点击量等相关数据偏低，如图 5-18 所示。

图 5-18　点击量等数据偏低的文案

针对"求量不求质"的运营操作误区，应该怎样避免呢？办法有两个，抖音电商运营者根据自己的情况选择并实施。

● 　加强学习，了解文案营销的流程，掌握文案撰写的基本技巧；
● 　聘请专业的文案营销团队，因为他们不像广告公司和公关公司那样业务范围比较广，他们专注于文案撰写，文案质量很高。

5.4.4　出现各种错误

众所周知，报纸杂志在出版之前，都要经过严格审核，保证文章的正确性和逻辑性，尤其是涉及重大事件或是国家领导人，一旦出错就需要追回重印，损失巨大。文案常见的书写错误包括文字、数字、标点符号以及逻辑错误等方面，抖音电商运营者对文案必须进行严格校对，防止错误的出现。

（1）文字错误。文案中常见的文字错误为错别字，例如一些名称错误，包括企业名称、人名、商品名称、商标名称等。对于文案尤其是营销文案来说，错别字可能会影响文案的质量，这种错误在报纸文案中显得尤为重要。

例如报纸的定价，有些报刊错印成了"订价"，还错误地解释为"订阅价"而不是报纸完成征订后的实际定价，好像发布广告时是一个价格，到订报纸时又是另一个价格，这肯定是不符合实际的。

如图 5-19 所示的短视频文案中，多次将"螨虫"的"螨"字写错。这很容易让抖音用户觉得运营者在制作短视频文案时不够用心，甚至对其账号和推荐产品产生质疑。

图 5-19　多次出现文字错误的文案

（2）数字错误。参考国家《关于出版物上数字用法的试行规定》《国家标准出版物上数字用法的规定》及国家汉语使用数字有关要求，数字使用有三种情况：一是必须使用汉字，二是必须使用阿拉伯数字，三是汉字和阿拉伯数字都可用，但要遵守"保持局部体例上的一致"这一原则。在文案中错得最多的就是第三种情况。

例如"1 年半"，应为"一年半"，"半"也是数词，"一"不能改为"1"；再如，夏历月日误用阿拉伯数字："8 月 15 中秋节"，应改为"八月十五中秋节"、"大年 30"应为"大年三十"、"丁丑 6 月 1 日"应改为"丁丑年六月一日"。还有世纪和年代误用汉字数字，如"十八世纪末""二十一世纪初"，应写为"18世纪末""21 世纪初"。

此外，较为常见的还有数字丢失，如"中国人民银行 2018 年第一季度社会融资规模增量累计为 5.58 亿元"。我们知道，一个大型企业每年的信贷量都在几十亿元以上，何况整个国家的货币供应量才"5.58 亿元"？所以，根据推测应该是丢失了"万"字，应为"5.58 万亿元"。

（3）标点错误。无论在哪种文案中，抖音电商运营者都应该尽力避免标点符号错误，而在文案创作中，常见的标点错误包括以下几种。

一是引号用法错误。这是标点符号使用中错得最多的。不少文案中对单位、机关、组织的名称，产品名称、牌号名称都用了引号。其实，只要不发生歧义，名称一般都不用引号。

二是书名号用法错误。证件名称、会议名称（包括展览会）不用书名号。但有的文案把所有的证件名称，不论名称长短，都用了书名号，这是不合规范的。

三是分号用法错误。主要是简单句之间用了分号：不是并列分句，不是"非并列关系的多重复句第一层的前后两部分"，不是分行列举的各项之间，都使用了分号，这是错误的。

还有的两个半句，合在一起构成一个完整的句子，但中间也用了分号。有的句子已很完整，与下面的句子并无并列关系，该用句号，却用成了分号，这也是不对的。

（4）逻辑错误。所谓逻辑错误是指文案的主题不明确，全文逻辑关系不清晰，存在语意与观点相互矛盾的情况。

5.4.5 脱离市场情况

大多数视频文案都是关于企业产品和品牌的内容，这些产品和品牌是处于具体市场环境中的产品，其所针对的目标也是处于市场环境的具有个性特色的消费者。因此，如果抖音电商运营者不了解具体的产品、市场和消费者情况，其创作的文案必然是失败的。

所以，在编写和发布视频内容时，抖音电商运营者必须进行市场调研，了解产品情况，才能写出切合实际、能获得用户认可的文案。在文案编写过程中，应该怎样去充分了解产品，具体分析如图 5-20 所示。

充分了解产品的相关分析
- 做好市场定位分析，把握市场需求情况
- 了解目标消费者对产品最关注的是什么
- 了解产品竞争对手的具体策略及其做法

图 5-20　充分了解产品的相关分析

而从消费者方面来说，应该迎合消费者的各种需求，关注消费者感受。营销定位大师特劳特曾说过："消费者的心是营销的终极战场。"那么文案也要研究消费者的心智需求，也要从这里出发，具体内容如下。

（1）安全感。人是趋利避害的，内心的安全感是最基本的心理需求，把产品的功用和安全感结合起来，是说服客户的有效方式。

比如，新型电饭煲的文案写道，这种电饭煲在电压不正常的情况下能够自动断电，能有效防范用电安全问题。这一要点的突出，对于关心电器安全的家庭主妇一定是个攻心点。

（2）价值感。得到别人的认可是一种自我价值实现的满足感。将产品与实现个人的价值感结合起来可以打动客户。脑白金打动消费者掏钱的恰恰是满足了他们孝敬父母的价值感。

例如，销售豆浆机的文案可以这样描述："当孩子们吃早餐的时候，他们多么渴望不再去街头买豆浆，而喝上刚刚榨出来的纯正豆浆啊！当妈妈将热气腾腾的豆浆端上来的时候，看着手舞足蹈的孩子，哪个妈妈会不开心呢？"这样的文案让一种做妈妈的价值感油然而生，会激发为人父母的消费者的购买意愿。

（3）支配感。"我的地盘我做主"，每个人都希望表现出自己的支配权力来。支配感不仅是对自己生活的一种掌控，也是源于对生活的自信，更是文案创作要考虑的出发点。

（4）归属感。归属感实际就是标签，你是哪类人，无论是成功人士、时尚青年，还是小资派、非主流，每个标签下的人都有一定特色的生活方式，他们使用的商品、他们的消费都表现出一定的亚文化特征。

比如，对追求时尚的青年，销售汽车的文案可以写："这款车时尚、动感，改装方便，是玩车一族的首选。"对于成功人士或追求成功的人士可以写："这款车稳重、大方，开出去见客户、谈事情比较得体，也有面子。"

5.4.6 不能长期坚持

文案营销的确需要发布视频，如果把平台文案运营比作一顿丰盛的午餐，那么，文案的干货内容就是基本的食材，文案的编写是食材的相互组合和制作，视频内容的发布就是餐盘的呈现顺序和摆放位置，这些都需要有一个全盘的策划，平台文案营销也是如此。

文案营销需要有一个完整的整体策划，抖音电商运营者需要根据企业的行业背景和产品特点策划文案营销方案，根据企业的市场背景做媒体发布方案，与文案创意人员合作策划文案等，而不仅仅是视频内容的发布这一个动作。关于文案的策划流程，具体介绍如图 5-21 所示。

对于文案营销推广，有的人一天发好多短视频，天天在发；但也有的人一年只发一次或两次。许多抖音电商运营者觉得文案可以做些口碑，但是能直接带来客户的还是少，因此他们并没有持续发布与产品相关的不同文案内容的视频。

其实，文案营销是一个长期过程，别想着只发一个视频就能带来多少的流量，带来多么大的效益，它不是"三天打鱼，两天晒网"，也不是今天发十个，下个月想起来了再发几个，毫无规律。

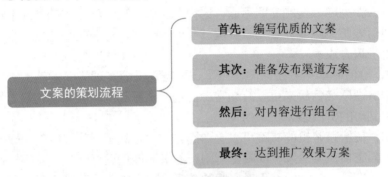

图 5-21　文案的策划流程

文案营销，从实质上来说，并不是直接促成成交的推广，但长期有规律的视频内容发布可以提升企业的品牌形象，提高潜在客户的成交率。所以，要想让文案营销对受众产生深刻的影响，还得长期坚持视频内容推送。

潜在用户一般是通过广告认识企业，但最终让他们决定购买的往往是长期的文案催化，当用户长期见到这个品牌的视频内容，就会不知不觉地记住它，潜意识里会形成好印象，最后当用户需要相关产品时，就会购买了。

因此，在抖音平台的运营中，文案的编写和视频内容发布是不能缺乏长期坚持的，"坚持就是胜利"对文案营销而言，并不只是说说而已，它要求去具体地实施，并在这一过程中获取胜利的目标。对于坚持而言，它有两个方面值得运营者注意，一是方向的正确性，二是心态与行动的持续性。

（1）方向的正确性。只有保证在坚持的过程中方向的正确性，才能不会有与目标南辕北辙的情况出现，才能尽快地实现营销目标。在文案营销中，方向的正确性具体可表现在市场大趋势的判断和营销技巧、方式的正确选择上。

（2）心态与行动的持续性。在文案营销过程中，必须在心态上保持不懈怠、行动上继续走下去才能更好地获得成功。抖音电商运营者要想获得预期的文案营销效果，长久、坚持不懈的经营是不可或缺的。

第6章

直播入门，这些关键内容必须要把握

学前提示

　　直播是抖音中除了短视频之外的又一重要版块。也就是说要想在抖音中赚到钱，把握好直播的内容至关重要。

　　本章将要介绍抖音直播功能、确保直播成功进行的方法和直播中应注意的雷区。

要点展示

- 了解抖音的直播功能
- 确保直播的成功进行
- 警惕抖音直播的雷区

6.1　了解抖音的直播功能

为了保证直播能够顺利进行，我们需要对与直播有关的事项进行梳理。本节将重点对直播的开通方式和直播过程中的相关问题进行介绍与说明，以帮助抖音电商运营者更好地进行直播。

6.1.1　直播的主要入口

抖音有直播功能，这一点毋庸置疑。那你知道抖音直播有几个入口吗？下面就来看一看具体答案。

1. "关注"界面

"关注"界面中如果有抖音账号的头像下方出现"直播中"这3个字，那么这就是直播入口，点击头像就可以进入直播间，如图6-1所示。

图6-1　从"关注"界面进入直播间

2. "推荐"界面

如果在"推荐"界面中，看到某个抖音账号头像上方有"直播"这两个字，那么，从这个入口点击其头像，也可以进入直播间，如图6-2所示。

3. "同城"界面

抖音推荐分为两种，一种是全平台的推荐，另一种是同城推荐。而在同城推荐界面的左上方位置会推荐直播内容，抖音用户只需点击其所在的位置，便可以直接进入直播间，如图6-3所示。

图 6-2　从"推荐"界面进入直播间

图 6-3　从同城推荐界面进入直播间

4. "直播广场"界面

直播广场中会对正在直播的抖音号的相关画面进行展示。如果想进入某个直播间，就点击对应的画面即可，如图 6-4 所示。

图 6-4　从"直播广场"界面进入直播间

6.1.2　直播的开通方式

抖音直播的开通方式主要有两种，一是直接开通，二是加入公会之后开通。下面先介绍如何直接开通抖音直播。

直接开通抖音直播需要满足两个条件，一是已解锁视频分享功能，二是账号粉丝达到 3000。当账号满足了这两个条件时，系统就会发来系统通知，告知你已获得开通抖音直播的资格，如图 6-5 所示。

当然，得到系统通知之后，还只是获得了开通直播的资格，在正式开启直播之前，你还需要完成一些步骤，具体如图 6-6 所示。

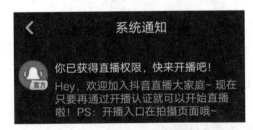

图 6-5　获得开通抖音直播的系统通知　　图 6-6　开启直播前要完成的一些步骤

加入公会可以直接开通直播，当然，加入公会，通常需要有熟人介绍。那么，如何加入公会呢？具体操作步骤如下。

步骤 01　登录抖音短视频 App，点击右下方的"我"按钮；然后点击右上方

的 按钮；在弹出的菜单栏中选择"设置"选项。

步骤 02 操作完成后，进入"设置"界面，在该界面中选择"反馈与帮助"选项，如图 6-7 所示。

步骤 03 操作完成后，进入"反馈与帮助"界面，在该界面中选择"直播（直播权限申请、直播其他问题）"选项，如图 6-8 所示。

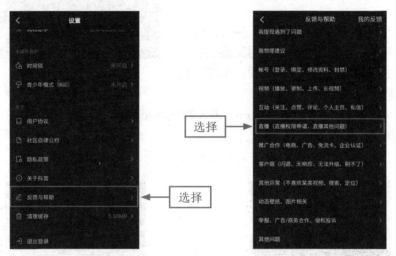

图 6-7 选择"反馈与帮助"选项　　　图 6-8 "反馈与帮助"界面

步骤 04 操作完成后，在"反馈与帮助"界面中选择"公会"选项；在新出现的界面中选择"如何加入公会？"选项，如图 6-9 所示。

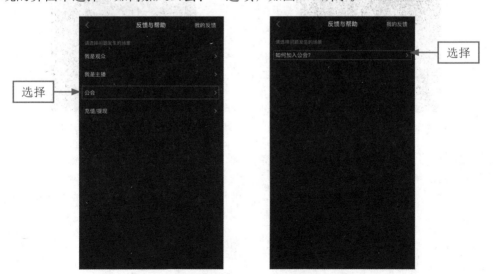

图 6-9 选择"如何加入公会？"选项

步骤⑤ 操作完成后，可以看到抖音平台对于"如何加入公会？"这个问题的解答，其中明确表示，加入公会需要公会主动邀请，如图 6-10 所示。

6.1.3 开直播相关步骤

对于抖音电商运营者来说，抖音直播可谓是促进商品销售的一种直接而又重要的方式。那么，如何开直播呢？下面，就对开直播的具体步骤进行简要说明。

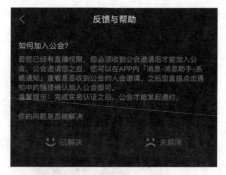

图 6-10 抖音平台对于"如何加入公会？"的解答

步骤① 登录抖音短视频 App，进入视频拍摄界面，点击界面中的"开直播"按钮，如图 6-11 所示。

步骤② 操作完成后即可进入如图 6-12 所示的抖音直播设置界面。

图 6-11 视频拍摄界面

图 6-12 直播设置界面

步骤③ 在直播设置界面设置直播封面、标题等信息；点击"开始视频直播"按钮，如图 6-13 所示。

步骤④ 操作完成后，进入抖音直播界面，点击界面中的 ⊡ 按钮，如图 6-14 所示。

步骤⑤ 操作完成后，弹出直播商品对话框，点击对话框中的"添加直播商品"按钮，如图 6-15 所示。

步骤⑥ 进入"选择直播商品"界面，选择需要添加的商品；点击"确认添加"按钮，如图 6-16 所示。

图 6-13 点击"开始视频直播"按钮

图 6-14 点击 ✉ 按钮

图 6-15 点击"添加直播商品"按钮

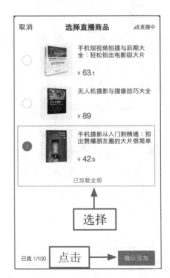

图 6-16 点击"确认添加"按钮

步骤 07 操作完成后，将出现添加的商品，如图 6-17 所示。另外，主播在讲解某商品时，可以点击该商品右下方的"讲解"按钮，执行操作后，该商品将显示"讲解中"，如图 6-18 所示。

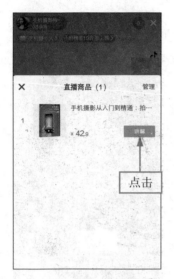

图 6-17　出现添加的商品

图 6-18　显示商品正在"讲解中"

6.1.4　直播中的常见问题

在直播的过程中，我们可能会遇到一些问题，那么这些问题要怎么解决呢？下面大家就来学习在直播中出现的一些常见问题的解决方法。

1.　直播时没有声音

声音和画面都是直播的重要组成部分，如果一个直播中只有画面，而没有声音，那么直播的效果很可能会大打折扣。如果抖音电商运营者在直播时出现了没有声音的情况，要怎样去解决呢？对于这个问题，抖音平台在"反馈与帮助"版块给出了建议，如图 6-19 所示。

图 6-19　直播时没有声音的解决方案

2.　直播时黑屏

只有画面，没有声音，直播的效果会大打折扣。同样的，只有声音，没有画面，也会直接影响直播的效果。那么，如果直播时黑屏，看不到直播画面，要怎么办呢？抖音平台在"反馈与帮助"版块中就该问题作出了解答，如图 6-20 所示。

3.　直播时卡顿

看直播就像是看影视剧，如果画面不流畅，受众的观看体验将会受到较大影响。对于直播时卡顿的情况，抖音平台也在"反馈与帮助"版块中提供了解决方案，如图 6-21 所示。

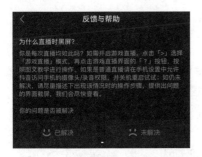

图 6-20　直播时黑屏的解决方案

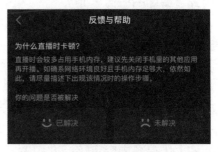

图 6-21　直播时卡顿的解决方案

4. 直播的其他问题

除了上面这些问题之外，如果还遇到了其他问题怎么办呢？在抖音直播的反馈与帮助中选择"开直播时遇到其他问题怎么办？"选项，进入界面后，抖音电商运营者可以点击该界面下方的"意见反馈"按钮，如图 6-22 所示。操作完成后，即可进入如图 6-23 所示的"反馈"界面，通过图片和文字向抖音平台进行反馈。

图 6-22　点击"意见反馈"按钮

图 6-23　"反馈"界面

6.2　确保直播的成功进行

在运营抖音直播的过程中，一定要注意视频直播内容的规范要求，切不可逾越雷池，以免辛苦经营的账号被封。另外，在打造直播内容、产品或相关服务时，抖音电商运营者首先要切记遵守相关法律法规，只有合法的内容才能得到承认，才可以在互联网中快速传播。

6.2.1 做直播要想好的问题

从2017年11月份，抖音传出直播功能内测，到2018年年初抖音发布招募首批主播计划的消息，直播行业内部，已然涌动。

2018年春节过后，越来越多的达人在抖音上陆续拥有了直播权限，抖音本身对于直播的重视和探索也越来越深入。但2018年4月中旬，抖音方面却突然对外宣称，因提高内容审核标准和建设正能量视频内容池，将暂停直播功能，让很多用户猝不及防，如图6-24所示。

抖音短视频暂时关闭直播、评论功能 将全面整改

今日头条 2018-04-11 11:56:24

抖音方面表示，即日起，为更好地向用户提供服务，抖音将对系统进行全面升级，期间直播功能与评论功能暂时停止使用，升级完毕后会再次开通。

此次抖音系统升级将进一步提高内容审核标准，优化审核流程，加强对平台内容的管理，包括评论与直播，升级过程中抖音将秉持积极、向上、健康的产品导向，持续建设正能量的视频内容池。

图6-24 抖音暂停直播功能的消息

虽然当时没有公布直播功能将于何时重新上线，但如今，抖音直播功能已经悄然恢复。在直播的模式上，抖音依然保持了非秀场模式的套路，以粉丝点赞作为排行，侧重达人与粉丝之间的互动性。当然对于抖音"嫁接"直播，还有3个问题值得思考。

1. 内容把控

在2016年爆火的网络直播，同期因低俗备受诟病。因为模式单一、内容低俗，直播在进入2017年后逐渐沉寂。2017年底，直播答题换上"马甲"重出江湖，但好景不长，火热的背后，是缺乏监管而带来的风险和不良社会影响。

随后，广电总局正式发出通知，要求加强管制网络视听直播答题活动。通知中明确指出，未持有《信息网络传播视听节目许可证》（下称《视听许可证》）的任何机构和个人，一律不得开办网络直播答题节目，浇灭了直播答题重现直播盛景的雄心。内容监管，对于开展直播的平台来说是个严峻的考验。

从2018年开始，短短半年时间，今日头条已经被约谈、道歉至少3次。此时如若直播再"踩雷"，会得不偿失。这背后，需要强大的内容监管机制，而不仅仅是直播间里弹出的"直播内容严禁包含低俗"的提示所能解决的。

2．嫁接违和

早在 2017 年，抖音就曾公开表示，抖音直播一不做秀场，二不会有纯职业主播。抖音方面表示："从抖音出发我们希望直播更多承担达人和粉丝互动交流的作用。做秀场会很有可能达不成这个目标。"

按照当时的布局，直播内容要区别于一般秀场直播，带有抖音自身的特点。由此可见，抖音已经想到了与直播的牵手会有种种"违和"问题。因此，抖音希望尽量保护抖音的风格不受直播的影响。这也就不难解释，为什么抖音的入口隐藏深，信息流里不出现直播，直播界面很不"友好"等行为了。

3．玩法创新

"直播内容抖音化"又引出了第三个问题。iiMedia Research（艾媒咨询）在 2018 年年初给出了一份数据：2017 年中国在线直播用户规模达到 3.98 亿，2019 年用户规模突破 5 亿；相比 2016 年，2017 年直播行业用户规模增速明显放缓，增长率为 28.4%。这份数据还给出了一个方向性预测：互联网直播的"娱乐性"特征将逐渐向"工具性"特征转化。比如，"开箱直播""在线抓娃娃直播""淘宝直播产业化"等一系列模式，都是这一过程的代表。

直播开始谋求向"推介平台"的工具化方向转化，将较低附加值的"娱乐需求"调整至高附加值的"功能需求"。但在这一点上，如果"老铁 666"时代的主播思维不改变，跟不上"工具性"特征转向，那么商业模式和玩法在两年前的"直播混战"中已经穷尽，这一轮直播的"回头路"有没有必要再走？

综上来看，目前热门直播在抖音中还处于"低到尘埃里，找都找不见"的状态，未来想要成为变现主力，还有一段较长的路程要走。

6.2.2　建立专业的直播空间

首先要建立一个专业的直播空间，这主要从以下几个方面着手。

- 直播室要有良好稳定的网络环境，保证直播时不会掉线和卡顿，影响用户的观看体验。如果是在室外直播，建议选择无限流量的网络套餐。
- 购买一套好的电容麦克风设备，给用户带来更好的音质效果，同时也将自己的真实声音展现给他们。
- 购买一个好的手机外置摄像头，让直播效果更加高清，给用户留下更好的外在形象，当然也可以通过美颜等效果来给自己的颜值加分。

其他设备还需要准备桌面支架、三脚架、补光灯、手机直播声卡以及高保真耳机等。例如，直播补光灯可以根据不同的场景调整画面亮度，具有美颜、亮肤等作用。手机直播声卡可以高保真收音，无论是高音或低音都可以还原更真实，让你的歌声更加出众。

6.2.3　设置一个吸睛的封面

抖音直播的封面图片设置得好，能够为各位主播吸引更多的粉丝观看。目前，抖音直播平台上的封面都是以主播的个人形象照片为主，背景以场景图居多，也可选择游戏画面或游戏人物、卡通人物的图片，如图 6-25 所示。抖音直播封面没有固定的尺寸，不宜过大也不要太小，只要是正方形等比都可以，但画面要做到清晰美观。

图 6-25　抖音直播平台的直播封面

6.2.4　积极互动提高存在感

抖音没有采用秀场直播平台常用的"榜单 PK"等方式，而是以粉丝点赞作为排行依据，这样可以让普通用户的存在感更强。

下面介绍抖音直播的几种互动方式。

（1）评论互动：用户可以点击"说点什么"按钮，在弹出的输入栏中，输入文字内容，点击"发送"按钮，便可以发布评论，如图 6-26 所示。此时主播要多关注这些评论内容，选择一些有趣的和实用的评论进行互动。

（2）礼物互动：礼物是直播平台最常用的互动形式，抖音的主播礼物名字都比较特别，不仅体现出浓浓的抖音文化，同时也非常符合当下年轻人的使用习惯以及网络流行文化，如"小心心""抖音 1 号""不服来战"等，如图 6-27 所示。

图 6-26 发布评论

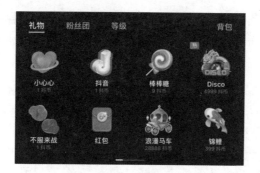

图 6-27 主播礼物

6.2.5 选择符合主题的内容

目前，抖音直播的内容以音乐为主，不过也有其他类型的直播内容在进入，如美妆、美食、"卖萌"以及一些生活场景直播等。从抖音的直播内容来看，都是根据抖音社区文化衍生出来的，而且也比较符合抖音的产品气质。

在直播内容创业中，以音乐为切入点可以更快地吸引粉丝关注，在更好地传播好音乐内容的同时，也可以让主播与粉丝同时享受到近距离接触的快感。

6.3 警惕抖音直播的雷区

随着直播行业的不断深入发展，直播的内容也越来越广泛。但在进行直播时，不免会走入一些误区，误区并不可怕，可怕的是连误区在哪里都不知道。本节将带领大家一起了解清楚直播界存在的误区，帮助大家积极采取措施来避免踏入误区或者陷入风险。

6.3.1　盲目从众

视频直播不仅仅是一个风靡一时的营销手段，还是一个能够实实在在为企业带来盈利的优质平台。当然，企业要注意的是，不能把视频直播片面地看成是一个噱头，而是要大大提高营销转化的效果。

特别是对于一些以销售为主要目的的企业而言，单单利用网红打造气势，还不如直接让用户在视频直播平台中进行互动，从而调动用户参与的积极性。

比如乐直播联合家具行业的周年庆典进行直播，用户不仅可以在微信上直接观看直播，并分享到朋友圈，还可以在直播过程中参与抽奖。这种充满趣味性的活动，大大促进了用户与品牌的互动，从而转化为购买力。

6.3.2　三观不正

在进行直播运营时，传递出来的价值观能体现一个直播平台的优劣与否。特别是视频直播平台中的很多主播传递出了错误的价值观，给社会带来了不良的影响。

1.　粗俗

粗俗的原意是指一个人的举止谈吐粗野庸俗，如"满嘴污言秽语，粗俗不堪"。也许，你可以靠"俗"博得大家的关注提升名气，但难以得到主流社会的看好，而且存在很大的问题和风险。

因此，直播平台、产品、企业或品牌，都应该努力传递主流价值观，抖音电商运营者更应该做一个为社会带来正能量的人。比如，我们可以借助互联网，多参与一些社会慈善和公益活动，打造一个助人为乐、传递正能量的IP形象，在互联网内容中要坚守道德底线并多弘扬社会道德，引导正面舆论，为广大网民树立正确的世界观、人生观和价值观。

2.　拜金

拜金主要是指崇拜金钱。当然崇拜金钱并没有错，商业社会中的人都是以赚钱为目的。不过，如果你唯利是图，什么事情都想着赚钱，不择手段且盲目地追求金钱，这就是一种极端错误的价值观。

因此，我们在打造IP时，切不可盲目崇拜金钱、把金钱价值看作最高价值，必须保持"拒绝拜金，坚守自我"的心态。

3. 物欲

除了拜金外，物欲也是一种错误的人物 IP 价值观。物欲是指一个人对物质享受的强烈欲望，在这种欲望的冲动下，可能会做出很多错误的事情。朱熹在《朱子语类》中说过："众人物欲昏蔽，便是恶底心。"说的就是那些疯狂追求物欲的人，他们的心灵必定会空虚，而且会经常做出一些荒唐的事情，最终只会让自己变成一个虚有其表、华而不实的人。

因此，打造直播内容时应该将物质和精神追求相辅相成，多注重精神层次和幸福感，不能一味地追求物欲，否则你很容易被它牵着鼻子走而失去自我。

6.3.3　内容雷同

互联网上的内容平台虽然很多，但其运营模式和内容形式大相径庭、千篇一律，同质化现象十分严重，这样容易让观众产生审美疲劳。在人物 IP 尤其是网红市场中，同质化竞争的表现主要体现在内容层次方面，典型特点是同一类型的直播内容重复，而且内容替代性强。也许你今天红了，明天就很快被别人复制并取代了。

因此，直播平台或企业在做 IP 内容营销时，不能一味地模仿和抄袭别人用过的内容，必须学会发散思维，摆脱老套噱头模式。我们可以从生活、学习、工作中寻找发散思维，这样才能制作出有持续吸引力的内容。当然，随着 IP 市场的进一步成熟，会出现更多优质的原创内容，这也是市场发展的大势所趋。人物 IP 必须持续地生产内容将 IP 衍生到各个领域，这样才可以实现更多渠道的流量变现，也才能拥有更强劲的生命力。

6.3.4　非法侵扰

在直播内容方面，存在侵犯他人肖像权和隐私权的问题。比如一些网络直播将商场、人群作为直播背景，全然不顾他人是否愿意上镜，这种行为极有可能侵犯他人肖像权和隐私权。

隐私权的关键有两方面，第一，隐私权具有私密性的特征，权利范围由个人决定；第二，隐私权由自己控制，公开什么信息全由个人决定。

当我们处在公共领域中时，并不意味着我们自动放弃了隐私权，可以随意被他人上传自直播平台。我们可以拒绝他人的采访，也有权决定是否出现在视频直播之中，因为我们在公有空间中有权行使我们的隐私权。因此，直播的这种非法侵权行为是非常错误的。

第 7 章

主播养成，小白也能变身抖音带货达人

学前提示

　　一个成功的主播是在不断积累经验中养成的。但是，一些素人可能并没有太多时间慢慢积累直播经验，那么，这些素人如何才能快速变身抖音直播带货达人呢？这一章就来给大家献计献策。

要点展示

- 一个主播的基本修养
- 应对观众提问的技巧
- 打造自己的专属直播 IP
- 掌握直播带货的话术
- 提高直播的变现能力

7.1　一个主播的基本修养

一个主播的基本修养主要包括3个方面，即专业能力、语言能力和心理素质。

7.1.1　专业能力

想要成为一名具有超高人气的主播，必不可少的就是专业能力。在竞争日益激烈的直播行业，主播只有培养好自身的专业能力，才能在直播这片肥沃的土壤上扎根。

1. 个人才艺

首先，主播应该具备各种各样的才艺，让观众眼花缭乱，为之倾倒。才艺的范围十分广泛，包括唱歌、跳舞、乐器表演、书法绘画和游戏竞技等。

只要你的才艺让用户觉得耳目一新，能够引起他们的兴趣，并为你的才艺一掷千金，那么，你的才艺就是成功的。

在抖音直播平台上，有不计其数的主播，大多数主播都拥有自己独有的才艺。谁的才艺好，谁的人气自然就高。如图7-1所示，为主播在唱歌。

图7-1　才艺展示——唱歌

无论是什么才艺，只要是积极且充满正能量的，能够展示自己的个性的，就会助主播的成长一臂之力。

2. 言之有物

一个主播想要得到用户的认可和追随，那么他（她）一定要有清晰且明确的三观，这样说出来的话才会让用户信服。如果主播的观点既没有内涵，又没有深度，那么这样的主播是不会获得用户长久的支持的。

如何做到言之有物呢？首先，主播应树立正确的价值观，始终保持自己的本心，不空谈。其次，还要掌握相应的语言技巧。主播在直播时，必须具备的语言要素包括亲切的问候语、通俗易懂和流行时尚。

最后，主播要有自己专属的观点。只有这三者相结合，主播才能达到言之有物的境界，从而获得专业能力的提升。

3. 精专一行

俗话说，"三百六十行，行行出状元"。作为一名主播，想要成为直播界的状元，最基本的就是要拥有一门最为擅长的技能。一个主播的主打特色就是由他（她）的特长支撑起来的。

比如，有人乐器弹奏水平很高，于是他（她）专门展示自己的弹奏技能；有人是舞蹈专业出身，又对舞蹈十分热爱，于是她在直播中展示自己曼妙的舞姿；有人天生有一副好嗓子，于是他（她）在直播中与人分享自己的歌声。如图 7-2 所示，为一名主播在直播间展示钢琴弹奏。

图 7-2　主播在直播间展示钢琴弹奏

只要精通一门专业技能，行为谈吐接地气，那么月收入上万也就不是什么难事了。当然，主播还要在直播之前做足功课，准备充分，才能将直播有条不紊地进行下去，最终获得良好的反响。

4. 聚焦痛点

在主播培养专业能力的道路上，有一点极为重要，即聚焦用户的痛点痒点。主播要学会在直播的过程中寻找用户最关心的问题和感兴趣的点，从而更有针对性地为用户带来有价值的内容。

挖掘用户的痛点是一个长期的工作，但主播在寻找的过程中，必须要注意以下 3 个事项。

(1) 对自身能力和特点有充分了解，是为了认识到自己的优缺点。

(2) 对其他主播的能力和特点有所了解，对比他人，从而学习长处。

(3) 对抖音用户心理有充分的解读，了解抖音用户需求，然后创造对应的内容满足需求。

主播在创作内容的时候，要抓住抖音用户的主要痛点，以这些痛点为标题，吸引抖音用户关注，并弥补抖音用户在社会生活中的各种心理落差，在直播中获得心理的满足。抖音用户的痛点主要包括安全感、价值感、自我满足感、亲情爱情、支配感、归属感和不朽感等。

7.1.2　语言能力

一个优秀的主播没有良好的语言组织能力就如同一名优秀的击剑运动员没有剑，是万万行不通的。想要拥有过人的语言能力，让用户舍不得错过直播的一分一秒，就必须从多个方面来培养。本节将告诉大家如何用语言赢得用户的追随和支持。

1. 亲切沟通

在直播的过程中，与粉丝的互动是不可或缺的。但是聊天也不可以口无遮拦，主播要学会三思而后言。切记不要太过鲁莽，心直口快，以免对粉丝造成伤害或者引起粉丝的不悦。

此外，主播还应避免说一些不利于粉丝形象的话语，在直播中学会与用户保持一定的距离，玩笑不能开大了，但又要让粉丝觉得你平易近人、接地气。那么，主播应该从哪些方面进行思考呢？不妨试试下面 3 个思考点。

(1) 什么该说与不该说？

(2) 事先做好哪些准备？

(3) 如何与粉丝亲切沟通？

2. 选择时机

良好的语言能力需要主播挑对说话的时机。每一个主播在表达自己的见解之前，都必须要把握好用户的心理状态。

比如，对方是否愿意接受这个信息？又或者对方是否准备听你讲这个事情？如果主播丝毫不顾及用户心里怎么想，不会把握说话的时机，那么只会事倍功半，甚至做无用功。但只要选择好了时机，那么让粉丝接受你的意见还是很容易的。

打个比方，如果一个电商主播，在向抖音用户推销自己的产品时，承诺给抖音用户一定的折扣，那么抖音用户在这个时候应该会对产品更感兴趣。总之，把握好时机是培养主播语言能力的重要因素之一，只有选对时机，才能让用户接受你的意见，对你讲的内容感兴趣。

3. 懂得倾听

懂得倾听是一个人最美好的品质之一，同时也是主播必须具备的素质。和粉丝聊天谈心，除了会说，还要懂得用心聆听。

例如，一名主播的粉丝评论说他（她）最近直播有些无聊，没什么有趣的内容，都不知道说些什么。于是，该主播认真倾听了抖音用户的意见，精心策划了搞笑视频直播，赢得了几十万的点击量，获得了无数抖音用户的好评。

在主播和抖音用户交流沟通的互动过程中，虽然表面上看来是主播占主导，但实际上是以抖音用户为主。抖音用户愿意看直播的原因就在于能与自己感兴趣的人进行互动，主播要懂得了解抖音用户关心什么、想要讨论什么话题，就一定要认真倾听抖音用户的心声和反馈。

4. 谦和友好

主播和粉丝交流沟通，要谦和一些，友好一些。聊天不是辩论比赛，没必要分出你高我低，更没有必要因为某句话或某个字眼而争论不休。

如果一个主播想借纠正粉丝的错误，或者发现粉丝话语中的漏洞这种低端的行为，来证明自己多么的学识渊博、能言善辩，那么这个主播无疑是失败的。因为他（她）忽略了最重要的一点，那就是直播是主播与用户聊天谈心的地方，不是辩论赛场，也不是相互攻击之处。主播在与用户沟通时，可以利用以下 3 个诀窍来锤炼自己。

(1) 理性思考问题。

(2) 灵活面对窘境。

(3) 巧妙指点错误。

语言能力的优秀与否，与主播的个人素质也是分不开的。因此，在直播中，主播不仅要着力于提升自身的语言能力，同时也要全方面认识自身的缺点与不足，从而更好地为用户提供服务，成长为高人气的专业主播。

5. 理性对待

在直播中会遇到个别粉丝爱挑刺儿、负能量爆棚、又喜欢怨天尤人，有的更甚，竟强词夺理说自己的权利遭到了侵犯。这个时候，就是考验主播的语言能力的关键时刻了。

如图 7-3 所示的直播中，有部分抖音用户言语不太友善。有的脾气暴躁的主播说不定就会按捺不住心中那一时的不满与怒火，将矛头指向个体，并给予其不恰当的人身攻击，这种行为是相当愚蠢的。

图7-3　直播中出现不太友善的言论

作为一名心思细腻、七窍玲珑的主播，应该懂得理性对待粉丝的消极行为和言论。那么，主要从哪几个方面去做呢？主播可以从3个方面来疏导直播气氛。

(1) 善意的提醒。

(2) 明确不对之处。

(3) 对事不对人。

一名获得成功的主播，一定有他（她）的过人之处。对粉丝的宽容大度和正确引导是主播培养语言能力的过程中所必不可少的因素之一。当然，明确的价值观也为主播的语言内容增添了不少光彩。

7.1.3　心理素质

直播和传统的节目录制不同，节目要达到让观众满意的效果，可以通过后期剪辑来表现笑点和重点。而直播对一个主播的要求是必须具备良好的现场应变能力和丰厚的专业知识。

一个能够吸引众多粉丝的主播和直播节目，仅仅靠颜值、才艺、口才是不够的。直播是一场无法重来的真人秀，就跟生活一样，没有彩排。在直播的过程中，万一发生了什么意外，主播一定得具备良好的心理素质，才能应对种种情况。

1. 信号中断

信号中断，一般借助手机做户外直播时会发生。信号不稳定是十分常见的事情，有的时候甚至还会长时间没有信号。如果直播过程中，只看到评论区的变化，而直播画面却一直显示"加载中"，就说明主播的信号不太稳定，或者主播的信号已经中断，如图 7-4 所示。

面对这样的情况，主播首先应该平稳心态，先试试变换下地点是否会连接到信号，如果不行，就耐心等待。因为也许有的忠实粉丝会一直等候直播开播，所以主播要做好向粉丝道歉的准备，再利用一些新鲜的内容活跃气氛，再次吸引粉丝的关注。

2. 突发事件

各种各样的突发事件在直播现场是不可避免的。当发生意外情况时，主播一定要稳住心态，让自己冷静下来，打好圆场，给自己台阶下。

图 7-4 直播信号中断

比如，湖南卫视的歌唱节目《我是歌手》第三季总决赛直播时，就发生了一件让人意想不到的事件。著名歌手孙楠突然宣布退赛，消息一出，现场的所有人包括守在电视机前的观众都大吃一惊。

作为主持人的汪涵，不慌不忙地对此事做了十分冷静的处理，首先他请求观众给他五分钟时间，然后将自己对这个突发事件的看法做了客观、公正的评价，汪涵的冷静处理让相关工作人员有了充分的时间来应对此事件。而这个事件过后，汪涵的救场也纷纷被各大媒体报道，获得了无数观众的敬佩和赞赏。

节目主持人和主播有很多相似之处，主播一定程度上也是主持人。在直播过程中，主播也要学会把节目流程控制在自己手中，特别是面对各种突发事件时，要冷静。主播应该不断修炼自己，多多向汪涵这样的主持人学习。

7.2 应对观众提问的技巧

成为一名优秀的主播，就需要学会随机应变。在这种互动性很强的社交方式中，各种各样的粉丝可能会向主播提问，这些活跃跳脱的粉丝多不胜数，提出的问题也是千奇百怪。

有的主播回答不出粉丝问题，就会插科打诨地蒙混过关。这种情况一次两次粉丝还能接受，但次数多了，粉丝就会怀疑主播是不是不重视或者主播到底有没有专业能力。因此，学会如何应对提问是主播成长的重中之重。

7.2.1　根据主题做好准备

主播在进行直播之前，特别是与专业技能相关的直播，一定要准备充分，对自己要直播的内容做足功课。就好像老师上课之前要写教案备课一样，主播也要对自己直播的内容了如指掌，并尽可能地把资料备足，以应对直播过程中发生的突发状况。

比如，做一场旅行直播，主播可以不用有导游一样的专业能力，对任何问题都回答得头头是道，但也要在直播之前把旅游地点及其相关知识掌握好。这样才不至于在直播过程中一问三不知，也不用担心因为回答不出粉丝的问题而失去人气。

主播每次直播前，都要对要直播的内容做好充分的准备，如风景名胜的相关历史，人文习俗的来源、发展，当地特色小吃等。因为做了相关准备，所以在直播的过程中就能有条不紊，对遇到的事物都能侃侃而谈，对当地的食物、风土人情更是介绍得特别详细。

7.2.2　正确回答热点问题

应对提问还会遇到另一种情况，回答热点评议的相关问题。不管是粉丝还是主播，都对热点问题会有一种特别的关注。很多主播也会借着热点事件，来吸引用户观看。这种时候，粉丝往往想知道主播对这些热点问题的看法。

有些主播，为了吸引眼球，进行炒作，就故意做出违反三观的回答。这种行为是极其错误且不可取的，虽然主播的名气会因此在短时间内迅速上升，但其带来的影响是负面的、不健康的，粉丝会马上流失，更糟糕的是，想要吸引新的粉丝加入也十分困难了。那么，主播应该如何正确评价热点事件呢？找准3个点就能应对评价热点事件。

（1）客观中立。

（2）不违反三观。

（3）不偏袒任何一方。

主播切记不能因为想要快速吸粉就随意评价热点事件，因为主播的影响力远远比普通人要大得多，言论稍有偏颇，就会出现引导舆论的情况。如果事实结果与主播的言论不符，就会对主播产生很大的负面影响。这种做法是得不偿失的。

客观公正的评价虽然不会马上得到用户的大量关注，但只要长期坚持下去，形成自己独有的风格，就能凭借正能量的形象吸引更多的粉丝。

7.2.3　幽默作答活跃气氛

在这个人人"看脸"的时代，颜值虽然已经成为直播界的一大风向标，但想要成为直播界的大咖级人物，光靠脸和身材是远远不够的。

有人说，语言的最高境界就是幽默。拥有幽默口才的人会让人觉得很风趣，还能折射出一个人的内涵和修养。所以，一个专业主播的养成，也必然少不了幽默技巧。

1. 收集素材

善于利用幽默技巧，是一个专业主播的成长必修课。生活离不开幽默，就好像鱼儿离不开水，呼吸离不开空气。学习幽默技巧的第一件事情就是收集幽默素材。

主播要凭借从各类喜剧中收集而来的幽默素材，全力培养自己的幽默感，学会把故事讲得生动有趣，让用户忍俊不禁。用户是喜欢听故事的，而故事中穿插幽默则会让用户更加全神贯注，将身心都投入到主播的讲述之中。

例如，生活中很多幽默故事就是由喜剧的片段和情节改编而来。幽默也是一种艺术，艺术来源于生活而高于生活，幽默也是如此。

2. 抓住矛盾

当一名主播已经有了一定的阅历，对自己的粉丝也比较熟悉，知道对方喜欢什么或者讨厌什么，那么就可以适当地攻击他讨厌的事物以达到幽默的效果。

比方说，他讨厌公司的食堂，认为那儿的饭菜实在难以下咽，那么你就可以这样说："那天我买了个包子，吃完之后从嘴里拽出了两米长的绳子"。抓住事物的主要矛盾，这样才能摩擦出不一样的火花。因此，主播在抓住矛盾、培养幽默技巧的时候，应该遵守6点原则，即积极乐观、与人为善、平等待人、宽容大度、委婉含蓄、把握分寸。

总之，主播在提升自身的幽默技巧时也不能忘了应该遵守的相关原则，这样才能更好地引导用户，给用户带来高质量的直播。

3. 幽默段子

"段子"本身是相声表演中的一个艺术术语。随着时代的变化，它的含义不断拓展，也多了一些"红段子、冷段子、黑段子"的独特内涵。近几年频繁活跃在互联网的各大社交平台上。

而幽默段子作为最受人们欢迎的幽默方式之一，也得到了广泛的传播和发扬。微博、综艺节目、朋友圈里将幽默段子运用得出神入化的人比比皆是，这样的幽默方式也赢得了众多粉丝的追捧。

例如，以"段子手"著称的歌手薛之谦就凭借其幽默的段子吸引了不少粉丝。如图7-5所示，为薛之谦在微博上发布的段子。

薛之谦 V 微

2018-4-30 20:27 来自 金立M7 双芯片全面屏

在东海的岸边...蚌精无恶不作...专抓奔跑的童男童女取之精华欲练练仙丹《我不能算是海鲜丸》他用红缨枪刺死了还在晒太阳的哪吒...用蚌壳夹死了法海...还活埋了小龙人...只有田螺姑娘从螺里被夹了出来后认识到了自己的错误...当众用膝踢砸烂了自己的壳以表歉意...从此岸边又恢复了平静和祥和... 这是我昨天喝多后写的感人的故事...谢谢观赏...我去弄歌了...再见 收起全文 ∧

图 7-5　薛之谦的微博

幽默段子是吸引用户注意的绝好方法。主播想要培养幽默技巧，就需要努力学习段子，用段子来征服粉丝。

4. 自我嘲讽

讽刺是幽默的一种形式，相声就是一种讽刺与幽默相结合的艺术。讽刺和幽默是分不开的，要想学得幽默技巧，就得学会巧妙地讽刺。

最好的讽刺方法就是自黑。这样的话既能逗粉丝开心，又不会伤了和气。因为粉丝不是亲密的朋友，如果对其进行讽刺或吐槽，很容易引起他们的反感和愤怒。比如，很多著名的主持人为了达到节目效果，经常会进行自黑，逗观众开心。

央视著名主持人朱军在主持新版《星光大道》时，与尼格买提搭档，一老一少，相得益彰。为了丢掉过去自己在观众心目中的刻板形象，更接地气，朱军自黑称自己是老黄瓜、皮肤黑、身材发福等，惹得观众笑声不断。

现在很多直播中，主播也会通过这种自我嘲讽的方式来将自己"平民化"，逗粉丝开心。自我嘲讽这种方法只要运用得恰当，达到的效果还是相当不错的。当然，主播也要把心态放正，将自黑看成是一种娱乐方式，不要太过认真。

7.3　打造自己的专属直播 IP

能够打造专属于自己的直播 IP 的主播，往往更容易从直播行业中脱颖而出。那么，在抖音直播中如何打造专属的直播 IP 呢？这可以从 3 个方面进行考虑，即个人口头禅、独特造型和特色装饰。

7.3.1　个人口头禅

个人口头禅是一个人的标志之一，因为口头禅出现的次数比较多，再加上在他人听来通常具有一定的特色。所以，听到某人的口头禅之后，我们很容易地便能记住这个人，并且在听到其他人说他（她）的口头禅时，我们也会想到将这句话作为口头禅在我们心中留下深刻印象的人。

在抖音短视频中，一些具有代表性的头部账号的视频主播往往都有令人印象深刻的口头禅。如李佳琦经常会说："oh my god"。如图 7-6 所示为李佳琦的相关抖音短视频，可以看到其中便出现了这句口头禅。

图 7-6　李佳琦短视频中的口头禅

无论是短视频，还是直播，主播或视频中人物的口头禅都能令人印象深刻，甚至当用户在关注某个主播一段时间之后，再听到主播在直播中说口头禅时，都会觉得特别亲切。

7.3.2　独特造型

我们在第一次看一个人时，除了看他（她）的长相和身材之外，还会重点关注他（她）的穿着，或者说造型。所以，当主播以独特造型面对抖音用户时，抖音用户便能快速记住主播，这样主播的直播 IP 自然会快速树立起来。

如图 7-7 所示为两个主播的直播画面，可以看到这两个主播便是以《西游记》中孙悟空、猪八戒的造型来进行直播的。当我们看到这两个直播之后，很容易便会被主播的造型吸引，从而对他们的造型留下深刻的印象。

当然，也不是要让大家故意做一些造型去哗众取宠，而是要在合理的范围内，以大多数抖音用户可以接受的、具有一定特色的造型来做直播，争取用造型来给自己塑造的直播 IP 加分。

图 7-7　独特造型的主播

7.3.3　特色装饰

除了个人口头禅和独特造型之外，还可以通过直播间的特色装饰来打造个人直播特色，塑造专属的直播 IP。

直播间的特色装饰有很多，既包括主播后面的背景，也包括直播间画面中的各种设置。相对于主播后面的背景，直播间画面中的相关设置通常要容易操作一些。如图 7-8 所示的两个直播中，用贴纸进行了装饰，而抖音用户在看到两个贴纸之后，因为贴纸的独特性会更容易记住主播及其直播。

图 7-8　用贴纸装饰的直播间

7.4 掌握直播带货的话术

在直播的过程中，主播如果能够掌握一定的话术，会获得更好的带货、变现效果。这一节就对 5 种直播话术进行分析和展示，帮助大家更好地提升自身的带货和变现能力。

7.4.1 欢迎话术

当有抖音用户进入直播间之后，抖音直播的评论区会有显示。主播在看到进直播间的抖音用户之后，可以对其表示欢迎。当然，为了避免欢迎话术过于单一，主播可以在一定的分析之后，根据自身和抖音用户的特色来制定具体的欢迎话术。具体来说，常见的欢迎话术主要包括以下 4 种。

(1) 结合自身特色。如："欢迎 XXX 来到我的直播间，希望我的歌声能够给您带来愉悦的心情。"

(2) 根据抖音用户的名字。如："欢迎 XXX 的到来，看名字，你是很喜欢玩《XXXX》游戏吗？真巧，这款游戏我也经常玩！"

(3) 根据抖音用户的账号等级。如："欢迎 XXX 进入直播间，哇，这么高的等级，看来是一位大佬了，求守护呀！"

(4) 表达对忠实粉丝的欢迎。如："欢迎 XXX 回到我的直播间，差不多每场直播都能看到你，感谢一直以来的支持呀！"

7.4.2 感谢话术

当抖音用户在直播中购买产品，或者给主播刷礼物时。主播可以通过一定的话语对抖音用户表示感谢。

(1) 对购买产品的感谢。如："谢谢大家的支持，XX 不到 1 小时就卖出了 500 件，大家太给力了，爱你们哦！"

(2) 对刷礼物的感谢。如："感谢 XX 哥的嘉年华，这一下就让对方失去了战斗力，估计以后他都不敢找我 PK 了。XX 哥太厉害了，给你比心！"

7.4.3 提问话术

在直播间向抖音用户提问时，主播要使用更能提高抖音用户积极性的话语。对此，主播可以从两个方面进行思考，具体如下。

(1) 提供多个选择项，让抖音用户自己选择。如："接下来，大家是想听我唱歌，还是想看我跳舞呢？"

(2) 让抖音用户更好地参与其中。如："想听我唱歌的打 1，想看我跳舞的打 2，我听大家的安排，好吗？"

7.4.4　引导话术

主播要懂得引导抖音用户，根据自身的目的，让抖音用户为主播助力。因此，主播可以采用不同的话术对抖音用户进行引导，具体如下。

（1）引导购买。如："天啊！果然好东西都很受欢迎，半个小时不到，XX 已经只剩下不到一半的库存了，要买的宝宝抓紧时间下单哦！"

（2）引导刷礼物。如："我被对方超过了，大家给给力，让对方看看我们的真正的实力！"

（3）引导直播氛围。如："咦！是我的信号断了吗？怎么我的直播评论区一直没有变化呢？喂！大家听不听得到我的声音呀，听到的宝宝请在评论区扣个 1。"

7.4.5　下播话术

每场直播都有下播的时候，当直播即将结束时，主播应该通过下播话术向抖音用户传达信号。那么，如何向抖音用户传达下播信号呢？主播可以重点从 3 个方面进行考虑。

（1）感谢陪伴。如："直播马上就要结束了，感谢大家在百忙之中抽出宝贵的时间来看我的直播。你们就是我直播的动力，是大家的支持让我一直坚持到了现在。期待下次直播还能再看到大家！"

（2）直播预告。如："这次的直播要接近尾声了，时间太匆匆，还没和大家玩够就要暂时说再见了。喜欢主播的可以明晚 8 点进入我的直播间，到时候我们再一起玩呀！"

（3）表示祝福。如："时间不早了，主播要下班了。大家好好休息，做个好梦，我们来日再聚！"

7.5　提高直播的变现能力

直播是有一定方法和技巧的，如果我们能够掌握这些方法和技巧，就能有效提高自身的直播变现能力。具体来说，主播们可以重点从 4 个方面来快速提高直播的变现能力。

7.5.1　直播卖货的原则

在直播卖货时，主播需要遵循一定的原则。

（1）热情主动。同样的商品，为什么有的主播卖不动，有的主播简单几句话就能获得大量订单？当然，这可能与主播自身的流量有一定的关系，但即便是流量差不多的主播，同样的商品销量也可能会出现较大的差距。这很可能与主播的态度有关系。

如果主播热情主动地与抖音用户沟通，让抖音用户觉得像朋友一样亲切，那么，抖音用户自然会愿意为主播买单；反之，如果主播对抖音用户爱答不理，让抖音用户觉得自己被忽视了，那么，抖音用户连直播都不想看，也就更不用说去购买直播中的产品了。

(2) 保持一定的频率。俗话说得好："习惯成自然"。如果主播能够保持一定的直播频率，那么，忠实的抖音用户便会养成定期观看的习惯。这样，主播将获得越来越多的忠实抖音用户，而抖音用户贡献的购买力自然也会变得越来越强。

(3) 为抖音用户谋利。每个人都会考虑到自身的利益，抖音用户也是如此。如果主播能够为抖音用户谋利，那么，抖音用户就会支持主播，为主播贡献购买力。

例如，李佳琦曾经因为某品牌给他的产品价格不是最低，让粉丝买贵了，于是就向粉丝道歉，并让粉丝退货。此后，更主动停止了与该品牌的合作。虽然李佳琦此举让自己蒙受了一定的损失。但是，却让粉丝们看到了他在为粉丝们谋利，于是，他之后的直播获得了更多粉丝的支持。

当然，为抖音用户谋利并不是一味地损失主播自身的利益，而是在不过分损失自身利益的情况下，让抖音用户以更加优惠的价格购买产品，让抖音用户看到你也在为他们考虑。

7.5.2 直播卖货的技巧

直播卖货不只是将产品挂上链接，并将产品展示给抖音用户，还是通过一定的技巧，提高抖音用户的购买欲望。那么，直播卖货有哪些技巧呢？主播们可以从以下 3 个方面进行实践来提升自己的卖货能力。

(1) 不要太贪心。虽然产品的销量和礼物的数量与主播的收入直接相关，但是，主播也不能太过贪心，不能为了多赚一点钱，就把抖音用户当作韭菜割。毕竟谁都不傻，当主播把抖音用户当韭菜时，也就意味着主播会损失一批忠实的粉丝。

(2) 积极与抖音用户互动。无论是买东西，还是刷礼物，抖音用户都会有自己的考虑，如果主播达不到他们的心理预期，抖音用户很可能也不会为主播买单。那么，如何达到抖音用户的心理预期呢？其中一种比较有效的方法就是通过与抖音用户的互动，一步步地进行引导。

(3) 亲身说法。对于自己销售的产品，主播最好在直播过程中将使用的过程展示给抖音用户，并将使用过程中的良好感受分享给抖音用户。这样，抖音用户在看直播的过程中，会对主播多一分信任感，也会更愿意购买主播推荐的产品。

7.5.3 做好必要的准备

一场卖货直播之所以能够获得成功，一定是与前期的准备有很大关系的。在直播之前，主播必须做好4个方面的必要准备，具体如下。

（1）了解直播的内容。在直播之前，主播必须要对直播的具体内容进行了解。特别是对于一些不太了解的内容，一定要对直播的内容及相关的注意事项烂熟于心。不然，很可能会被抖音用户问得哑口无言，直接影响直播的效果。

（2）物料的准备。在直播之前，主播需要根据直播的内容进行检查，看看产品的相关样品是否到位。如果缺了东西，及时告知相关的工作人员。不要等到要用时才发现东西没有到位。

（3）熟悉产品卖点。每款产品都有它的卖点，主播需要充分了解产品的卖点。产品的卖点是打动抖音用户的重要砝码，只有主播宣传的卖点是抖音用户需要的，抖音用户才会更愿意购买主播的产品。因此，主播也可以在直播之前，先使用一下产品，并据此提炼出一些能打动抖音用户的卖点。

（4）做好直播预热。在正式开始直播之前，主播可以先做一个短期的预热。在此过程中，主播需要通过简短的话语勾起抖音用户看直播的兴趣。有必要的，可以根据直播内容，制造一些神秘感。

7.5.4 提升排行的技巧

抖音直播会根据直播每小时的音浪（所谓音浪就是抖音粉丝刷的礼物在抖音直播中的价值）进行小时榜排名。抖音用户只要进入直播间，就可以看到该直播的小时榜排名，点击当前直播间的小时榜排名，还可查看整个抖音直播小时榜的排名情况，如图7-9所示。

图7-9　查看小时榜排名情况

许多抖音用户都会选择排名相对靠前的直播进行查看，因此，小时榜排名靠前的直播通常可以获得更多抖音用户的关注。而随着抖音用户关注量的增加，直播卖货能力也会随之而增加。

那么，如何提升直播的排名呢？其中一种比较有效的方法就是与他人进行PK。在抖音用户，特别是忠实的抖音用户看来，PK 获胜就是一种实力的显示，既然支持主播，就要让主播 PK 获胜。所以，PK 往往能够让主播快速获得大量音浪。

如图 7-10 所示为部分直播的 PK 画面，可以看到短短几分钟，这两个主播便获得了超过 1 万音浪。

图 7-10　抖音直播 PK 画面

当然，主播也要注意使用 PK 的次数，随着 PK 次数的增加，抖音用户刷礼物的热情也将随之减退。毕竟礼物都是要花钱买的，只有很少一部分人愿意持续给主播刷礼物。而且一直 PK 也会让抖音用户觉得主播的目的性太强，甚至会让一些抖音用户对主播心生反感。

第8章

抖音卖货，不容错过的多种实用功能

学前提示

　　在抖音中要想实现高效卖货，还得借助一些实用的功能。这一章将从 5 个方面重点介绍抖音中的卖货功能，帮助抖音电商运营者更好地实现快速变现。

要点展示

- 商品分享，便于用户购买
- 商品橱窗，集中展示商品
- 抖音小店，打造专属店铺
- 抖音小程序，增加销售渠道
- 其他功能，助力商品营销

8.1 商品分享，便于用户购买

对于抖音电商运营者来说，增加商品的销售量才是关键。要增加商品的销售量，就要有便捷的购买方式。在抖音中，有一个为用户购买商品提供极大便利的功能，这就是商品分享功能。本节将重点对开通抖音商品分享功能的相关问题进行解读。

8.1.1 什么是商品分享功能

商品分享功能，即对商品进行分享的一种功能。在抖音平台中，只有开通商品分享功能之后，才可以在抖音视频、直播和个人主页界面对商品进行分享。并且只有开通商品分享功能之后，才能够拥有自己的"商品橱窗"。

抖音中的商品分享功能相当于是一个超链接，抖音电商运营者可以通过路径的设置，借助商品分享功能，将用户引导至商品购买页面。如果其他抖音用户看到视频和直播之后，对其商品感兴趣，直接通过商品分享功能就能快速完成购买。这无疑对抖音电商运营者的店铺销售提升起到极大的促进作用。

抖音短视频 App 中的商品分享功能主要有两种呈现形式，一是以文字加购物车的形式呈现，二是以图片加文字的小卡片形式显示，如图 8-1 所示。同一个抖音短视频，当抖音用户第一次看时，商品分享功能会以第一种方式呈现。而当抖音用户重复观看短视频时，则商品分享功能将以第二种方式呈现。

图 8-1　商品分享功能的呈现方式

8.1.2 开通商品分享功能的方法

既然商品分享功能这么重要，那么如何在抖音平台开通商品分享功能呢？具体操作步骤如下。

步骤 01 登录抖音短视频 App，点击"设置"界面中"商品分享功能"后方的"立即开通"按钮，如图 8-2 所示。

步骤 02 操作完成后，进入如图 8-3 所示的"商品分享功能申请"界面，点击界面下方的"立即申请"按钮，申请开通"商品分享功能"。

图 8-2 点击"立即开通"按钮

图 8-3 点击"立即申请"按钮

步骤 03 操作完成后，进入资料填写界面。在该界面中输入手机号、微信号，并选择所卖商品类目；然后点击"提交"按钮，如图 8-4 所示。

步骤 04 操作完成后，如果接下来页面中显示"审核中"就说明商品分享功能申请成功提交了，如图 8-5 所示。

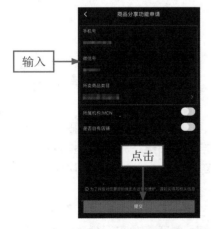

图 8-4 点击"提交"按钮

图 8-5 显示"审核中"界面

步骤 ⑤ 申请提交之后，抖音平台会对申请进行审核，如果审核通过了，便可以收到一条来自于购物助手的消息。

8.1.3　开通商品分享功能的条件

在"商品分享功能申请"界面中，列出了商品分享功能的条件，开通商品分享功能的抖音账号必须满足两个条件，一是发布的非隐私且审核通过的视频数量超过 10 个，二是通过了实名认证。当两个条件都达成之后，抖音电商运营者就可以申请开通商品分享功能了。

8.1.4　开通商品分享功能的好处

为什么要开通商品分享功能呢？这主要是因为开通该功能之后，不仅可以拥有个人商品橱窗，还能够通过分享商品赚钱。

1.　可以拥有个人商品橱窗

开通商品分享功能之后，抖音电商运营者便可以拥有个人商品橱窗。个人商品橱窗就像是一个开设在抖音上的店铺，抖音电商运营者可以对商品橱窗中的商品进行管理，而其他抖音用户则可以点击商品橱窗中的商品进行购买。个人商品橱窗的功能将在 8.2 节中重点对其进行解读，这里就不赘述了。

2.　能够通过分享商品赚钱

在抖音平台中，电商销售商品最直接的一种方式就是通过分享商品链接，为抖音用户提供一个购买的通道。对于抖音电商运营者来说，无论分享的是自己店铺的东西，还是他人店铺的东西，只要商品卖出去了，就能赚到钱。而要想分享商品，就必须要开通商品分享功能。

8.1.5　商品分享功能开通后的注意事项

商品分享功能审核通过之后，抖音电商运营者收到的信息中，除了告知审核通过之外，还会告知商品分享功能开通后 10 天之内，必须在商品橱窗中加入 10 个商品，否则该权限将被收回。

也就是说，抖音电商运营者开通商品分享功能之后，必须抓紧时间先在商品橱窗中添加足够多的商品，做好开启抖音电商的准备。如果在限定时间内添加的商品数量达不到要求，抖音电商运营者要想使用商品分享功能就只能再次进行申请了。

除此之外，商品分享功能开通之后要不时地使用一下，如果超过两个星期未使用商品分享功能，系统将关闭此功能。抖音电商运营者在发布视频时，不能使用其他渠道的视频，或是盗用他人的视频，一经发现也会被系统关闭商品分享功能。

8.2 商品橱窗，集中展示商品

商品分享功能开通成功之后，系统将在抖音账号中提供一个商品橱窗入口。对于抖音电商运营者来说，商品橱窗就是一个集中分享商品的平台。抖音电商运营者一定要运用好商品橱窗功能，积极地引导其他抖音用户进店消费。

8.2.1 什么是商品橱窗

抖音商品橱窗，就是抖音短视频 App 中，用于展示商品的一个界面，或者说是一个集中展示商品的功能。商品分享功能开通之后，在抖音账号个人主页界面中将出现"商品橱窗"的入口，如图 8-6 所示。

另外，初次使用"商品橱窗"功能时，系统会要求开通电商功能。其具体操作为，点击个人主页界面中的"商品橱窗"按钮，进入如图 8-7 所示的"开通电商功能"界面。

图 8-6 出现"商品橱窗"入口

图 8-7 "开通电商功能"界面

向上滑动屏幕，阅读协议的相关内容，确认没有问题之后，点击下方的"我已阅读并同意"按钮，如图 8-8 所示。操作完成之后，如果显示"恭喜你已开通抖音商品推广功能！"就说明电商功能开通成功了，如图 8-9 所示。

图 8-8　点击"我已阅读并同意"按钮

图 8-9　电商功能开通成功

8.2.2　商品橱窗的基本调整

商品分享功能和电商功能开通之后，抖音电商运营者便可以开始对商品橱窗的商品进行调整了。商品橱窗的商品调整主要可以分为 3 个部分，即添加商品、删除商品和商品分类。

1. 添加商品

如果抖音电商运营者在 10 天内没有完成在商品橱窗中添加商品的任务，他（她）的相关权限就会被收回。那么，如何在商品橱窗中添加商品呢？具体操作如下。

步骤01　登录抖音短视频 App，点击个人主页中的"商品橱窗"按钮，进入"商品橱窗"界面，点击界面中的"橱窗管理"按钮，如图 8-10 所示。

步骤02　进入"商品橱窗管理"界面，点击左下方的"添加商品"按钮，如图 8-11 所示。

步骤03　进入"添加商品"界面，在该界面中抖音电商运营者可以通过搜索或添加商品链接的方式，添加商品，如图 8-12 所示。下面就以搜索商品为例进行说明。

步骤04　在搜索栏中输入商品名称（如"无人机摄影"），点击对应商品后方的"加橱窗"按钮，如图 8-13 所示。

图 8-10 点击"橱窗管理"按钮

图 8-11 点击"添加商品"按钮

图 8-12 "添加商品"界面

图 8-13 点击"加橱窗"按钮

步骤 05 进入"编辑商品"界面，在界面中输入商品的相关信息，信息编辑完成后点击"完成编辑"按钮，如图 8-14 所示。

步骤 06 操作完成后，进入"商品橱窗管理"界面，如果界面中显示"全部商品：1"，并且界面中出现刚刚添加的商品的相关信息，就说明商品添加成功了，如图 8-15 所示。

图 8-14　点击"完成编辑"按钮

图 8-15　出现添加的商品界面

　　抖音电商运营者可以根据以上方法添加商品，当添加的商品数量达到 10 个时，如果抖音电商运营者收到一条完成新手任务的系统消息，就说明添加 10 个商品到商品橱窗的任务完成了，如图 8-16 所示。

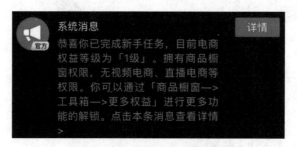

图 8-16　收到系统消息界面

2. 删除商品

　　当商品橱窗中的商品没货了，或者商品橱窗中的某些商品不适合再销售时，抖音电商运营者就需要删除这些商品。这时该如何删除商品橱窗中的商品呢？具体操作步骤如下。

　　步骤 01　登录抖音短视频 App，进入"商品橱窗管理"界面，勾选商品；点击上方的"移除"按钮，如图 8-17 所示。

　　步骤 02　操作完成后，弹出"移除商品"对话框，点击对话框中的"确定"

按钮，如图 8-18 所示。

图 8-17　点击"移除"按钮

图 8-18　点击"确定"按钮

步骤 03　操作完成后，进入"商品橱窗管理"界面，如果界面中不再显示刚刚进行移除操作的商品，就说明商品移除成功了，如图 8-19 所示。

图 8-19　不再显示移除商品的界面

3. 商品分类

当添加的商品比较多时，为了对商品进行有序的管理，抖音电商运营者可以进行商品分类管理。在抖音商品橱窗中，商品分类管理的具体操作如下。

步骤 01　添加商品时，抖音电商运营者可以在"编辑商品"界面，选择"选择分类"选项，如图 8-20 所示。

步骤 02 操作完成后，进入"分类至"界面，点击界面下方的"新建分类"按钮，如图 8-21 所示。

图 8-20 选择"选择分类"选项

图 8-21 点击"新建分类"按钮

步骤 03 操作完成后，界面中将弹出"商品分类"对话框。在对话框中输入商品类别名称；点击"确定"按钮，如图 8-22 所示。

步骤 04 操作完成后，在"分类至"界面中将出现对应的商品类别，选择商品需要加入的类别；点击"完成"按钮。如图 8-23 所示。

图 8-22 点击"确定"按钮

图 8-23 点击"完成"按钮

步骤 05 操作完成后，对应的商品类别中便会增加 1 件商品，如图 8-24 所示。

步骤 06 选择刚加入的商品类别选项，进入该类别界面，看到商品的封面、标题等信息，如图 8-25 所示。至此，商品分类便完成了。

图 8-24 商品数量增加

图 8-25 对应商品类别界面

抖音商品橱窗还可对已分的类别进行相关的操作，接下来对删除商品类别的相关操作进行简单的说明。

步骤 01 进入"管理分类"界面，点击"编辑分类"按钮，如图 8-26 所示。

步骤 02 操作完成后，进入"编辑分类"界面，点击需要删除的商品类别后方的 ⋯ 按钮；在弹出的对话框中，点击"删除"按钮，如图 8-27 所示。

图 8-26 点击"编辑分类"按钮

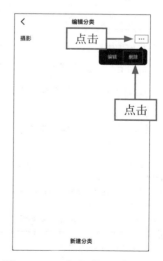

图 8-27 点击"删除"按钮

步骤 03 操作完成后，在弹出的"确认删除该分类"对话框中，点击"确定"按钮，如图 8-28 所示。

步骤 04 操作完成后，将显示"删除成功"，与此同时，对应的商品类别将从"编辑分类"界面中消失，如图 8-29 所示。

图 8-28　点击"确定"按钮

图 8-29　显示"删除成功"

8.2.3　电商橱窗的禁售类目

除了发布的抖音内容之外，抖音对橱窗销售的商品也作出了规定，并列出了禁止分享和销售的商品类目。抖音禁止分享和销售的商品主要有 13 个类目，具体内容如图 8-30 ～图 8-42 所示。

（一）仿真枪、军警用品、危险武器类

❶ 枪支、弹药、军火及仿制品

❷ 可致使他人暂时失去反抗能力，对他人身体造成重大伤害的管制器具

❸ 枪支、弹药、军火的相关器材、配件、附属产品，及仿制品的衍生工艺品等

❹ 安防、警用、军用制服、标志、设备及制品

❺ 管制类刀具、弓弩配件及飞镖等可能用于危害他人人身安全的管制器具

图 8-30　仿真枪、军警用品、危险武器类

（二）易燃易爆、有毒化学品、毒品类

❶ 易燃、易爆物品，如火药等

❷ 毒品、制毒原料、制毒化学品及致癌性药物

❸ 国家禁止生产、经营、使用的危险化学品

❹ 毒品吸食工具及配件

❺ 介绍制作易燃易爆品方法的相关教程、书籍

❻ 农业部发布的禁用限用类农药

❼ 烟花爆竹和烟花爆竹燃放装置

图 8-31　易燃易爆、有毒化学品、毒品类

（三）反动等破坏性信息类

❶ 含有反动、破坏国家统一、破坏主权及领土完整、破坏社会稳定，涉及国家机密、扰乱社会秩序，宣扬邪教迷信，宣扬宗教、种族歧视等信息，或法律法规禁止出版发行及销售的书籍、音像制品、视频、文件资料等

❷ 偷电设备、蹭网卡、蹭网器、拨号器、破网、翻墙软件及 vpn 代理服务等

❸ 存在扣费项目不明确、恶意扣费、暗设扣费程序等任何损害用户权益的情况，或含有盗号、窃取密码等恶意程序的产品

❹ 不适宜在国内出版发行、销售的涉政书刊及收藏性的涉密书籍、音像制品、视频、文件资料等

❺ 国家禁止的集邮票品以及未经邮政行业管理部门批准制作的集邮品，以及一九四九年之后发行的包含"中华民国"字样的邮票

❻ 带有宗教、种族歧视的相关商品或信息

❼ 反动等含有破坏性信息的产品和服务，如不适宜在国内发行的涉政书刊及收藏性的涉密书籍、音像制品，诈骗网站

图 8-32　反动等破坏性信息类

（四）色情低俗、催情用品类

❶ 含有色情淫秽内容的音像制品及视频、色情陪聊服务、成人网站论坛的账号 / 邀请码或其他淫秽物品

❷ 可致使他人暂时失去反抗能力、意识模糊的口服或外用的催情类商品及人造处女膜等

❸ 用于传播色情信息的软件、种子文件、网盘资源及图片，含有情色、暴力、低俗内容的音像制品，原味内衣及相关产品，含有未成年人色情内容的图片、写真视频等

❹ 含有情色、暴力、低俗内容的动漫、读物、游戏和图片

❺ 网络低俗产物

图 8-33　色情低俗、催情用品类

（五）涉及人身安全、隐私类

❶ 用于监听、窃取隐私、泄露个人私密资料、手机监听器或机密的软件及设备等

❷ 用于非法摄像、录音、取证等用途的设备等

❸ 身份证、护照、社会保障卡等依法可用于身份证明的证件等

❹ 盗取或破解账号密码的软件、工具、教程及产物等

❺ 个人隐私信息及企业内部数据，提供个人手机定位、电话清单查询、银行账户查询等服务

❻ 汽车安全带扣等具有交通安全隐患的汽车配件类商品等

❼ 已报废、达到国家强制报废标准、非法拼装或非法所得等国家法律法规明令禁止经营的车辆及其"五大总成"等

❽ 载人航空器、航空配件、模型图纸类商品

图 8-34　涉及人身安全、隐私类

（六）药品、医疗器械、保健品类

❶ 一、二、三类医疗器械

❷ OTC 药品及处方药

❸ 保健品

❹ 医疗服务

❺ 所有用于预防、治疗人体疾病的国产药品；所有用于预防、治疗人体疾病的外国药品

❻ 未经药品监督管理部门批准生产、进口或未经检验即销售的医疗器械；其他用于预防、治疗、诊断人体疾病的医疗器械

❼ 依据《中华人民共和国药品管理法》认定的假药、劣药

❽ 兽药药监部门专项行政许可的兽药处方药和非处方药目录药品；国家公示查处的兽药；兽药监督管理部门禁止生产、使用的兽药

图 8-35　药品、医疗器械、保健品类

（七）非法服务、票证类

❶ 伪造变造国家机关或特定机构颁发的文件、证书、公章、防伪标签等，非法或仅限国家机关或特定机构方可提供的服务

❷ 抽奖类商品

❸ 尚可使用或用于报销的票据（及服务），尚可使用的外贸单证以及代理报关、清单、商检、单证手续的服务

❹ 未公开发行的国家级正式考试答案，考试替考服务

❺ 代写论文等相关服务

❻ 对消费者进行欺骗性销售诱导、排除或限制消费者合法权益的服务

❼ 汽车类违规代办服务

❽ 网站备案、亲子鉴定、胎儿鉴定等服务

❾ 票、基金、保险、股票、贷款、投资理财、证券等服务

❿ 法律咨询、心理咨询、金融咨询、医疗及健康相关服务

⓫ 规避合法出入境流程的商品及服务

⓬ 违反公序良俗、封建迷信类的商品及服务

⓭ 实际入住人无须经过酒店实名登记便可入住的酒店类商品或服务

⓮ 未取得跟团游、出境游、签证等业务相关经营资质的商品及服务

图 8-36　非法服务、票证类

（八）动植物、动植物器官及动物捕杀工具类

❶ 人体器官、遗体

❷ 国家保护野生动植物

❸ 严重危害人畜安全的动物捕杀设备或配件以及其他动物捕杀工具

❹ 猫狗肉、猫狗皮毛、鱼翅、熊胆及其制品、其他有违公益或对当地生态系统可能造成重大破坏的生物物种及其制品

❺ 人类遗传资源材料清单查询、银行账户查询等服务

❻ 宠物活体

★ 补充说明：
- 野生动物：包括国家立法保护的、有益的或者有重要经济、科学研究价值的陆生野生动物，世界＼国家保护类动物和濒危动物的活体、内脏、任何肢体、皮毛、标本或其他制成品（比如象牙和玳瑁类制品），已灭绝动物与现有国家二级以上保护动物的化石。
- 野生植物：被列入世界＼国家保护类植物清单的，法律禁止不得销售的植物，或植物产品；国家保护类植物活体（树苗除外）。

图8-37　动植物、动植物器官及动物捕杀工具类

（九）涉及盗取等非法所得及非法用途软件、工具或设备类

❶ 走私、盗窃、抢劫等非法所得

❷ 赌博用具、考试作弊工具、汽车跑表器材等非法用途工具

❸ 卫星信号收发装置及软件，用于无线电信号屏蔽的仪器或设备

❹ 撬锁工具、开锁服务及其相关教程、书籍等

❺ 一卡多号，有蹭网功能的无线网卡以及描述信息中有告知会员能用蹭网的设备等

❻ 涉嫌欺诈等非法用途的软件、工具及服务

❼ 可能用于逃避交通管理的商品

❽ 利用电话线路的直流馈电发光的灯

❾ 群发设备、软件及服务

❿ 外挂软件、作弊软件等不正当竞争工具或软件

⓫ 秒杀器以及用于提高秒杀成功概率的相关软件或服务

⓬ 涉嫌侵犯其他公司或个人利益的手机破解商品或服务

⓭ 妨害交通安全秩序的产品

图8-38　涉及盗取等非法所得及非法用途软件、工具或设备类

（十）未经允许、违反国家行政法规或不适合交易的商品

❶ 伪造变造的货币以及印制设备

❷ 正在流通的人民币及仿制人民币（第四、五套人民币）

❸ 涉嫌违反《中华人民共和国文物保护法》相关规定的文物

❹ 烟草专卖品及烟草专用机械

❺ 依法应当经行政部门批准或备案后销售商品，未经相关行政部门批准或备案

❻ 未取得营业执照或电信网络代理资质销售运营通讯类产品

❼ 已激活的手机卡、上网卡等违反国家实名制规定的商品

❽ 未经许可发布的奥林匹克运动会、世界博览会、亚洲运动会等特许商品

❾ 国家机关制服及相关配件类商品

❿ 未经授权的国家领导人相关的信息或商品

⓫ 军需、国家机关专供、特供等商品

⓬ 国家补助或无偿发放的不得私自转让的商品

⓭ 大量流通中的外币及外币兑换服务

⓮ POS机（包括MPOS）、刷卡器等受理终端

⓯ 邮品包裹、EMS专递、快递等物流单据凭证及单号

⓰ 内部资料性出版物

⓱ 境外出版物代购类商品或服务

⓲ 非法传销类商品

⓳ 国家明令淘汰或停止销售的书籍类商品

⓴ 其他法律法规规定向文件中禁止销售的商品

★ 补充说明：
- 香烟、烟盒、烟标等，包括电子香烟和戒烟产品。
- 烟草替代品及辅助工具、无烟烟草制品（如电子烟、IQOS、鼻烟）。*烟草企业宣传。
- 烟草企业宣传。
- 食用盐。

图8-39　未经允许、违反国家行政法规或不适合交易的商品

（十一）虚拟类

❶ 比特币、莱特币、高利贷、私人贷款、贷款推广等互联网虚拟币以及相关商品

❷ 网络游戏、游戏点卡、货币等相关服务类商品

❸ 外挂、私服相关的网游类商品

❹ 游戏点卡或平台卡商品

❺ 网络账户死保账号或存在交易风险的腾讯QQ账号、Itunes账号、百度账号以及视频类网站账号等账号类商品

❻ 炒作博客人气、炒作网站人气、代投票类商品或信息

❼ 航空公司的积分和里程，航空公司积分／里程兑换的机票；各航司下发文件规定的不合格产品

❽ 酒店类商品或服务、跟团游、出境游、签证等业务的商品及服务

❾ 未经平台许可的用于兑换商品实物或服务的定额卡券、储值卡券、储值服务或将购买款项分期返还的交易

❿ 官方已停止经营的游戏点卡或平台卡商品

⓫ 以支付、社交、媒体为主要功能的互联网用户账号类商品

⓬ 第三方支付平台代付、信用卡代刷类服务及其他违反《关于办妨害信用卡管理刑事案件具体应用法律若干问题的解释》相关规定的商品或服务

⓭ 不可查询的分期返还话费类商品

⓮ 时间不可查询的以及被称为小漏洞卡、集团卡、内部卡、测试卡的上网资费卡或资费套餐以及SIM卡

⓯ 慢充卡等资费无法在七十二小时内到账的虚拟商品

⓰ SP业务自消费类商品

⓱ 时间不可查询的虚拟服务类商品

⓲ 手机直拨卡与直拨业务，电话回拨卡与回拨业务

图8-40　虚拟类

（十二）舆情重点监控类

① 近期媒体曝光的商品

② 由不具备生产资质的生产商生产的，或不符合国家、地方、行业、企业强制性标准，或不符合抖音平台规则规定的商品，经权威质检部门或生产商认定、公布召回的商品，国家明令淘汰或停止销售的商品，过期、失效、变质的商品，以及含有罂粟籽的食品、调味品、护肤品等制成品

③ 经权威质检部门或生产商认定、公布或召回的商品，国家明令淘汰或停止销售的商品，过期、失效、变质的商品，以及含有罂粟籽的食品、调味品、护肤品等制成品

④ 存在制假风险的品牌配件类商品

⑤ 商品本身或外包装上所注明的产品标准、认证标志、生产商信息、材质成份及含量等不符合国家规定的商品

⑥ 公益资助贫困儿童 / 领养动物 / 保护野生动物（无法核实真实性）

⑦ 违禁工艺品、收藏类

⑧ 食药监局明令禁止的商品

⑨ 车载音乐 U 盘

图 8-41 舆情重点监控类

（十三）不符合平台风格的商品

① 分销、招代理、招商加盟、店铺买卖

② 国内 / 海外投资房产、炒房

③ 高仿类

④ 殡葬用品、用具、存放、投资等

⑤ 二手类：二手汽车、二手手机、二手 3C 数码产品等

⑥ 卫生巾、内衣、丝袜、灭鼠器

⑦ 白酒

⑧ 其他与抖音平台风格不符合的商品

• 补充说明：
高仿类：
◦ 外观侵权、商标侵权及假冒伪劣产品。
◦ 疑似假货 & 假货类。
◦ 如耐克、阿迪、gucci、coach 等知名品牌；手表、箱包等奢侈品品类等。

图 8-42 不符合平台风格的商品

以上抖音禁止分享和销售的类目，抖音官方平台已经进行了公示。同时，为了更好地规范抖音电商，避免抖音电商运营者分享、销售禁售类目中的商品，抖音针对违规行为给出了对应的处罚，具体如图 8-43 所示为违规处理。

违规处理

违反抖音平台禁止分享商品目录，购物车 & 商品橱窗关闭清退规则详见下方「违规行为处罚方式」。

• 违规行为：人工排查时发现禁售商品 1 次
• 处罚：关闭该内容的购物车功能

• 违规行为：排查到的涉嫌发布前述商品且情节严重的（包含橱窗内禁售商品达 50%（含）以上或 2 次管理购物车功能后依然存在禁售商品售卖的商品）
• 处罚：永久关闭该账号橱窗分享功能

• 违规行为：重复发布违规商品或信息或通过任何方式规避各类管理措施的商品
• 处罚：永久关闭该账号橱窗分享功能

图 8-43 违规处理

从图 8-43 所示可以看得出来，一旦发现违规行为，轻则关闭禁售商品的购物车功能，重则永久关闭对应账号的橱窗分享功能。所以，抖音电商运营者在添加商品橱窗的商品时，最好不要抱着侥幸心理添加违规的商品，否则违规问题一经发现，就会得不偿失了。

8.3 抖音小店，打造专属店铺

抖音为什么要做抖音小店？官方给出的解释是：为自媒体运营者提供变现工具，拓宽内容变现的渠道。抖音电商运营者通过添加他人淘宝店铺的商品，虽然可以获得一定的收益，但是，这个比例通常是比较低的。在这种模式之下，抖音电商运营者也很难进行变现。

而如果开通了抖音小店，抖音电商运营者打造出属于自己的抖音电商销售平台，就能快速获得应有的收益。

8.3.1 开通抖音小店的方法

抖音小店对接的是今日头条的放心购商城，用户可以从抖音帮助页面进入入驻平台，也可以通过 PC 端来登录，注意要选择抖音号登录。要想开通抖音小店，需要先了解开通抖音小店的流程。具体流程如下。

步骤 01 在浏览器中搜索"值点商家后台"，进入如图 8-44 所示的官网界面，并选择登录方式。这里以今日头条账号登录为例进行说明。

图 8-44 "值点商家后台"界面

步骤 02 操作完成后，进入如图 8-45 所示的"手机号登录"界面。在该界面中输入手机号码和验证码；单击下方的"登录"按钮。

步骤 03 进入"请选择您的业务类型"界面，选择抖音小店的业务类型。抖音电商运营者只需选择对应类型，然后单击下方的"下一步"按钮。这里以小店商家为例进行说明，如图 8-46 所示。

步骤 04 操作完成后，进入如图 8-47 所示的"请选择您的营业执照类型"界面，在该界面中按照要求选择对应的入驻方式，然后单击下方的"下一步"按钮。这里就以个体工商户入驻为例进行说明。

步骤 05 操作完成后，进入如图 8-48 所示的"请选择您需要入驻的店铺类型"界面，选择入驻店铺的类型，接着单击界面下方的"下一步"按钮。

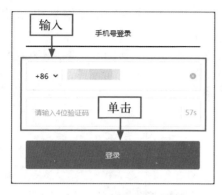

图 8-45 "手机号登录"界面

图 8-46 选择业务类型界面

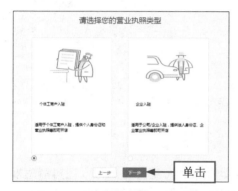

图 8-47 选择营业执照类型界面

图 8-48 选择入驻店铺类型界面

步骤 ⑥ 进入入驻需要准备的资料界面，抖音电商运营商如果准备好了资料，直接单击下方的"准备好了，开始填写"按钮，如图 8-49 所示。

图 8-49 入驻需要准备的资料界面

步骤 07 进入信息填写界面，抖音电商运营者按要求填写主体信息和入驻信息，如图 8-50 所示，并通过抖音的审核，便可以完成入驻了。

抖音小店是抖音针对达人内容变现推出的一个内部电商功能，通过抖音小店就无须再跳转到外链去完成购买，直接在抖音内部实现了电商闭环，让达人们更快变现，同时也为用户带来了更好的消费体验。

图 8-50 信息填写界面

8.3.2 抖音小店的营销优势

开通抖音小店之后，抖商（即依靠抖音卖货的个人或企业）可以在抖音短视频、头条号和火山短视频个人主页获得专属的店铺页面，并且相关商品还可以通过视频、文章等形式进行推广和宣传。当平台用户在看到商品推广和宣传信息时，可直接购买商品。也就是说，借助抖音小店，抖商可以直接将多个平台的用户直接转换成消费者。

对于一些账号内已经拥有一定粉丝量的抖商，特别是自媒体运营方面的抖商来说，抖音小店无疑是一种便捷的变现工具。抖商可以在多个今日头条系平台对抖音小店及其商品进行宣传、引导，提高店铺的流量和整体销量，从而获得更多收益。

8.3.3 小店商品的呈现形式

和大多数店铺不同的是，抖音小店目前在抖音 App 内还没有专门的聚合页面。也就是说，用户在抖音内暂时还找不到写有"抖音小店"字样的页面。但是，抖商却能将抖音小店中的商品添加至抖音商品橱窗和抖音短视频中。

当然，作为抖音平台在电商方面的一大尝试，抖音小店可能会逐渐变成抖音平台的重要版块。未来，抖音小店拥有特定的页面也未可知。

8.4　抖音小程序，增加销售渠道

对于抖音电商运营者来说，销售渠道越多，产品的销量就会越有保障。而随着抖音小程序的推出，抖音电商运营者相当于又多了一个产品的销售渠道。正是因为如此，玩转抖音小程序也变得至关重要。

8.4.1　什么是抖音小程序

抖音小程序就是抖音短视频内的简化版 App，和微信小程序相同，抖音小程序具备了一些原 App 的基本功能，而且无须另行下载，只要在抖音短视频 App 中进行搜索，并点击进入便可直接使用。

需要特别说明的是，目前 iOS 系统的手机中，抖音还未开放抖音小程序功能。也就是说，在苹果手机中，抖音用户是找不到抖音小程序的。而安卓用户则可根据自身需求，通过不同的入口，使用抖音小程序。

和大多数电商平台相同，抖音小程序中可以直接销售商品。抖音用户进入对应小程序之后，选择需要购买的商品，并支付对应的金额，即完成下单。除此之外，抖音电商运营者还可以通过设置，让自己的抖音小程序可以被抖音用户分享出去，从而为抖音用户的购物提供更好的便利。

例如，在"小米有品"抖音小程序中，点击 ☰ 按钮，页面中将弹出一个如图 8-51 所示的对话框。

图 8-51　弹出对话框

抖音用户可以选择对话框中的"分享"选项之后，将弹出"分享到"对话框，如图 8-52 所示。点击需要分享的渠道，如"微信"。完成操作后，页面中将出现该抖音小程序的二维码，如图 8-53 所示。抖音用户只需将该二维码保存，并进行分享，其他用户就可以通过抖音扫码进入该抖音小程序。

图 8-52　弹出"分享到"对话框

图 8-53　出现抖音小程序二维码

8.4.2　抖音小程序的入口

和微信对微信小程序一样，抖音对于自己的小程序功能也十分重视。在抖音中，为抖音小程序提供的入口就有 5 个，具体介绍如下。

1. 视频播放界面

抖音电商运营者如果已经拥有了自己的抖音小程序，只要在视频播放界面中插入抖音小程序链接，抖音用户通过点击该链接，就可以直接进入对应的链接位置。抖音小程序的特定图标为：。抖音用户只要看到带有该图标的链接，便点击即可进入抖音小程序。

例如，在"猫眼电影"的短视频播放界面中，抖音用户有时可以看到在该账号名称的上方会出现一个带有图标的链接，抖音用户点击链接之后，立刻进入"猫眼电影"抖音小程序某电影的相关界面，如图 8-54 所示。

2. 视频评价界面

除了在视频播放界面中直接插入抖音小程序链接之外，抖音电商运营者也可在视频评价界面中提供抖音小程序的入口。

例如，在抖音号"猫眼电影"发布的部分短视频中，抖音用户点击按钮，进入其视频评价界面，就能发现评价界面上方的小程序链接，如图 8-55 所示。抖音用户只需点击该链接，便可进入抖音小程序的对应位置。

图 8-54　视频播放界面中的抖音小程序入口

图 8-55　视频评价界面中的抖音小程序入口

3. 个人主页界面

个人主页界面中，同样也可以插入抖音小程序链接。例如，在抖音号"毒

App"的个人主页中，就有一个带有抖音小程序的链接，抖音用户点击该链接，便可直接进入其抖音小程序，如图 8-56 所示。

图 8-56 个人主页界面中的抖音小程序入口

4. 综合搜索界面

相比于去视频播放界面、视频评价界面和个人主页界面中一一查找，更多抖音用户可能更习惯于直接进行抖音小程序的搜索。例如，在综合搜索界面中，输入"小米有品"，点击搜索结果界面中"小程序"版块中的"小米有品"，就快速直接进入了该抖音小程序，如图 8-57 所示。

图 8-57 综合搜索界面中的抖音小程序入口

需要注意的是，目前已经发布的抖音小程序还不是很多。如果搜索的账号没有发布抖音小程序，在搜索结果中是看不到"小程序"版块的。因此，如果抖音用户想要通过这种方式进入抖音小程序，最好是在搜索前先确认对应的抖音小程序是否已经存在。

5. 最近使用的小程序

如果抖音用户近期使用过某些抖音小程序，那么这些小程序就会在最近使用的小程序中出现。如何知道最近使用的小程序的位置在哪里呢？抖音用户找到并点击■按钮，在弹出的菜单栏中，点击"小程序"右边的▼按钮，就会出现最近使用的抖音小程序，如图 8-58 所示。抖音用户在此点击抖音小程序所在的位置，便可直接进入其对应的抖音小程序界面。

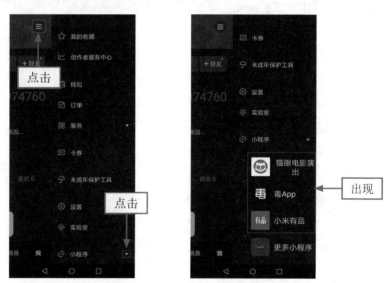

图 8-58　最近使用的小程序中的抖音小程序入口

8.4.3　如何入驻抖音小程序

知道了抖音小程序的重要性，那么，如何入驻抖音小程序呢？要入驻抖音小程序，抖音电商运营者需要先获得字节跳动小程序开发者平台权限。具体来说，抖音电商运营者可以通过如下操作获得开发者平台权限。

步骤 01　进入字节跳动小程序开发者平台的默认界面，单击界面右上方的"快捷登录"按钮，如图 8-59 所示。

步骤 02　操作完成后，弹出"快捷登录"对话框，在对话框中输入手机号和验证码；单击"登录"按钮，如图 8-60 所示。

图 8-59　单击"快捷登录"按钮

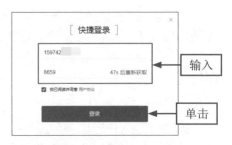
图 8-60　"快捷登录"界面

步骤 03　操作完成后，进入"设置用户名"界面，在界面中输入开发者用户名；单击"确认"按钮，如图 8-61 所示。

步骤 04　操作完成后，进入图 8-62 所示的"申请创建"界面，单击界面中的"申请"按钮。

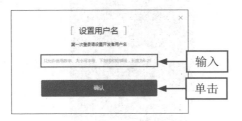
图 8-61　"设置用户名"界面

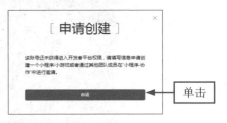
图 8-62　"申请创建"界面

步骤 05　操作完成后，进入图 8-63 所示的申请资料信息填写界面，在该界面中填写相关信息，并单击界面下方的"申请"按钮。

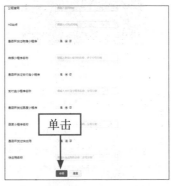
图 8-63　申请资料信息填写界面

申请提交之后，等待审核。审核通过之后，抖音电商运营者便可以获得字节跳动小程序开发者平台权限。获得权限之后，抖音电商运营者就拥有了初步的入驻资格。接下来，需要对抖音小程序进行设计和开发，并进行上传和发布，最终实现抖音小程序的入驻。

8.5 其他功能，助力商品营销

除了商品分享功能和抖音小店之外，抖商还需要借助一些其他的功能，让抖音电商内容更丰富、更广泛地推广，比如 DOU+、POI 认证和长视频功能。

8.5.1 DOU+

DOU+ 作品推广功能，是一种给短视频加热，让更多抖音用户看到短视频的功能。简单的理解，其实质就是通过向抖音平台支付一定的费用，花钱买热门，提高抖音短视频的传达率。

在抖音短视频 App 中，有两种使用 DOU+ 作品推广功能的方法，即在个人主页使用和在视频播放页使用。接下来将分别进行简单的说明。

1. 个人主页使用

在个人主页使用 DOU+ 作品推广功能的步骤具体如下。

步骤 01 登录抖音短视频 App，进入"我"界面。点击界面中的 ☰ 按钮，在弹出的对话框中选择"服务"一栏下方的"DOU+ 上热门"选项，如图 8-64 所示。

步骤 02 操作完成后，进入如图 8-65 所示的"DOU+ 上热门"界面，点击界面下方的"去上热门"按钮。

图 8-64 选择"DOU+ 上热门"选项

图 8-65 "DOU+ 上热门"界面

步骤 03 操作完成后，进入"DOU+ 上热门"界面。在该界面中选择需要推广的短视频；点击下方的"上热门"按钮，如图 8-66 所示。

步骤 04 操作完成后，进入如图 8-67 所示的 DOU+ 作品推广界面。在该界面中，抖音电商运营者可以查看被推广视频的相关信息和 DOU+ 的预期效果等。然后，抖音电商运营者点击下方的"支付"按钮，并支付相应的费用，就可以将短视频推上热门，提高其传达率。

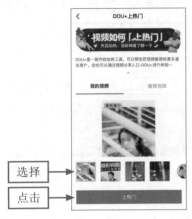

图 8-66 点击"上热门"按钮

图 8-67 DOU+ 作品推广界面

2. 视频播放页使用

除了在个人主页界面使用之外，DOU+ 作品推广功能还能在视频播放页使用，具体步骤如下。

步骤 ① 打开需要推广的短视频，点击界面中的 ●●● 按钮，如图 8-68 所示。

步骤 ② 操作完成后，界面中将弹出一个对话框，点击对话框中的"上热门"按钮，如图 8-69 所示。

图 8-68 点击 ●●● 按钮

图 8-69 点击"上热门"按钮

步骤 03 操作完成后，进入图 8-67 所示的 DOU+ 作品推广界面。抖音电商运营者根据提示支付对应的费用，便可以借助 DOU+ 作品推广功能对短视频进行推广了。

8.5.2　POI 认证

POI 是 Point of Interest 的缩写，中文可以翻译为"兴趣点"。店铺可以通过认证认领 POI 地址，认领成功后，就能在短视频中插入店铺位置链接，点击该链接，在打开的界面中直接查看和了解店铺的相关信息，如图 8-70 所示。

图 8-70　插入 POI 地址的店铺

该功能对于经营线下实体店的抖音电商运营者来说，意义重大。这主要是因为，抖音电商运营者如果设置了 POI 地址，那么，抖音用户在店铺信息界面中能看到店铺的位置，而且点击该位置，并借助导航功能，抖音用户可以很方便地找到店铺。

POI 地址功能虽然是一个将抖音流量引至线下的一个实用工具，但是，引流的效果还得由短视频获得的流量来决定。因此，打造吸引抖音用户的短视频，才能发挥该功能的功效。

8.5.3　长视频

在许多人的印象中，抖音短视频的默认拍摄长度是 15 秒。但是，有时候抖音电商运营者需要传达的内容比较丰富，在 15 秒内难以完整展示所有内容。那么，有什么方法可以增加短视频的录制时间呢？

其实，随着抖音 App 的升级，抖音电商运营者在抖音短视频中拍摄的视频长度可以增加为 60 秒。

如何在抖音短视频 App 中拍摄 60 秒的短视频呢？具体操作步骤如下。

步骤 01 登录抖音短视频 App，点击界面下方的 + 按钮，如图 8-71 所示。

步骤 02 操作完成后，进入短视频拍摄界面。系统默认的是拍 15 秒视频，如果要拍摄 60 秒视频，点击"拍 60 秒"按钮，如图 8-72 所示。

图 8-71　点击 + 按钮

图 8-72　短视频拍摄界面

步骤 03 操作完成后，进入 60 秒短视频拍摄界面，点击界面中的 按钮，如图 8-73 所示。

步骤 04 操作完成后，进行短视频的拍摄，如图 8-74 所示。拍摄完成后，像 15 秒短视频一样直接上传就可以了。

看到这里，有的抖音电商运营者可能会有些疑惑，为什么在抖音短视频 App 中有的短视频时间会长到几分钟，甚至十几分钟呢？其实，在抖音中发布这样的长视频是可以实现的，只是不能直接拍摄，只能选择拍摄好的短视频进行上传。

具体来说，在"反馈与帮助"界面有"如何上传 1~15 分钟的视频？"选项，如图 8-75 所示。抖音用户选择该选项，然后进入如图 8-76 所示的"抖音视频"界面。在此界面中点击"点击上传"按钮，再选择需要上传的短视频进行发布。

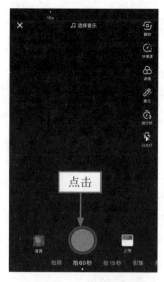

图 8-73　点击██按钮

图 8-74　60 秒短视频拍摄界面

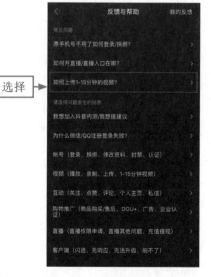

图 8-75　"反馈与帮助"界面

图 8-76　"抖音视频"界面

第9章

变现转化，多种实用方式助力年赚百万

学前提示

　　为什么要做抖音电商？对于这个问题，许多人最直接的想法可能就是借助抖音赚到一桶金。

　　确实，抖音是一个潜力巨大的市场。但是，它同时也是一个竞争激烈的市场。所以，要想在抖音中年赚上百万，抖音电商运营者还得掌握一些实用的变现技巧。

要点展示

- 销售变现，用买卖赚取收益
- 流量变现，借助粉丝来买账
- 其他变现，提高自身"钱"景

9.1　销售变现，用买卖赚取收益

对于抖音电商运营者来说，抖音最直观、有效的盈利方式当属销售商品或服务变现了。借助抖音平台销售产品或服务，只要有销量，就有收入。思路决定出路，本节就为大家介绍用产品或服务变现的 6 种形式，具体如下。

9.1.1　自营店铺

抖音短视频最开始的定位是一个方便用户分享美好生活的平台，而随着商品分享功能、商品橱窗功能等功能的开通，抖音短视频逐渐成为一个带有电商属性的平台，并且其商业价值也一直被外界所看好。

对于拥有淘宝等平台店铺和开设了抖音小店的抖音电商运营者来说，通过自营店铺直接卖货无疑是一种十分便利、有效的变现方式。抖音电商运营者不管是在商品橱窗中添加自营店铺中的商品，还是在抖音短视频中分享商品链接，都是为了方便和吸引其他抖音用户点击链接购买商品，如图 9-1 所示。一旦有商品销售出去，抖音电商运营者就毫无疑问获得了收益。

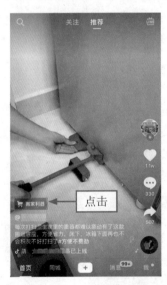
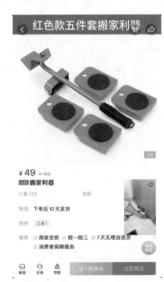

图 9-1　点击链接购买商品

9.1.2　微商卖货

微信卖货和直接借助抖音平台卖货虽然销售的载体不同，但也有一个共同点，那就是要有可以销售的产品，最好是有自己的代表性产品。而微商卖货的重要一步就在于，将抖音用户引导至微信等社交软件。

将抖音用户引导至社交软件之后，接下来，通过将微店产品链接分享至朋友圈等形式，对产品进行宣传，如图 9-2 所示。等到用户点击链接购买了商品，微商也就直接赚取了收益。

图 9-2　微信朋友圈宣传产品

9.1.3　出版图书

抖音电商运营者在某一领域或行业经过一段时间的经营，拥有了一定的影响力或者有一定经验之后，可以将自己的经验进行打磨总结，然后进行图书出版，以此获得收益。

尤其是抖音短视频原创作者，只要其自身有基础与实力，那么采用出版图书这种方式去获得收益还是很乐观的。例如，抖音号"Shawn Wang"的号主王肖一便是采取这种方式获得盈利的。王肖一通过抖音短视频的发布，积累了 40 多万粉丝，成功塑造了一个 IP，如图 9-3 所示为"Shawn Wang"的抖音个人主页。

因为多年从事摄影工作，王肖一结合个人实践编写了一本无人机摄影方面的图书，如图 9-4 所示。

该书出版之后短短几天，仅仅"Shawn Wang"这个抖音号售出的数量便达到了几十册。由此不难看出其受欢迎的程度。而这本书之所以如此受欢迎，除了内容对读者有吸引力之外，与王肖一这个 IP 也是密不可分的，部分抖音用户就是冲着王肖一这个 IP 来买书的。

图 9-3 "Shawn Wang"的抖音个人主页　　图 9-4 王肖一编写的摄影书

另外，当出版的图书作品火爆后，还可以通过售卖版权来变现，小说等类别的图书版权可以用来拍电影、拍电视剧或者网络剧等，这种收入相当可观。当然，这种方式比较适合那些成熟的短视频团队，一旦作品拥有了较大的影响力，进行版权盈利变现是可能的。

9.1.4　赚取佣金

抖音短视频平台的电商价值快速提高，其中一个很重要的原因就是随着精选联盟的推出，抖音用户即便没有自己的店铺也能通过帮他人卖货赚取佣金。也就是说，只要抖音账号开通了商品橱窗和商品分享功能，便可以通过引导销售获得收益。

当然，在添加商品时，抖音电商运营者可以事先查看每单获得的收益。以童装类商品为例，抖音电商运营者可以直接搜索童装，查看相关产品每单可获得的收益。如果想要提高每单可获得的收益，还可以点击"佣金率"按钮，让商品按照获取佣金的比率进行排列，如图 9-5 所示。

商品添加完成之后，抖音电商运营者就可以通过其他用户点击商品橱窗中的商品，或短视频的商品链接，购买商品，按照标示的佣金获得收益了。获取的佣金，抖音电商运营者可以通过在"商品橱窗"界面中点击"佣金收入"按钮，进入"佣金收入"界面中进行查看，如图 9-6 所示。

图 9-5　添加商品时查看每单的收益

图 9-6　查看佣金收入

9.1.5　售卖课程

对于部分自媒体和培训机构来说，可能自身无法为消费者提供实体类的商品。那么，是不是对于他们来说，抖音短视频平台的主要价值就是积累粉丝，进行自我宣传的一个渠道呢？

很显然，抖音短视频平台的价值远不止如此，只要自媒体和培训机构拥有足够的干货内容，同样能够通过抖音短视频平台获取收益。比如，可以在抖音短视频平台中通过开设课程招收学员的方式，借助课程费用赚取收益。

图 9-7 所示为"吉大教育 _ 零基础学 CAD/SU"抖音账号的商品橱窗界面，可以看到其列出了大量课程，对此有需求的其他抖音用户只需点击进入看中的课程界面，便可以购买对应的课程。这就是直接通过售卖课程的方式来实现变现。

图 9-7　"吉大教育 _ 零基础学 CAD/SU"抖音账号的商品橱窗界面

9.1.6　账号出售

在生活中，无论是线上还是线下，物品转让都会产生转让费。随着互联网的快速发展，又逐渐有了账号转让的存在形式。同样的，账号转让也需要接收者向转让者支付一定的费用，就这样，最终使得账号转让成为获利变现的方式之一。

在抖音平台上，由于抖音号更多的是基于优质内容发展起来的，因此，抖音号转让变现通常比较适合发布了较多原创内容的账号。如今，互联网上关于账号转让的信息非常多，有意向的账号接收者对于这些信息一定要慎重对待，一定要到比较正规的网站上来操作，否则很容易上当受骗。

例如，鱼爪新媒平台便提供了抖音账号的转让服务，如图 9-8 所示为"抖音号交易"界面。

如果抖音电商运营者想将自己的抖音账号出售，点击"抖音号交易"界面的"我要出售"按钮，便可以进入如图 9-9 所示的界面，填写相关信息，单击"确认发布"按钮，完成发布账号转让信息。转让信息发布之后，只要账号售出，抖商自然就实现了账号转让变现。

图 9-8 "抖音号交易"界面

图 9-9 "我要出售"界面

当然，在采取这种变现方式之前，抖音电商运营者一定要考虑清楚。因为账号转让相当于是将账号直接卖掉，一旦交易达成，抖音电商运营者将失去账号的所有权。如果不是专门做账号转让的抖音电商运营者，或不是急切需要进行变现，不建议采用这种变现方式。

9.2 流量变现，借助粉丝来买账

抖音是一个流量巨大的平台，而对于抖音电商运营者来说，将吸引过来的流量进行变现，借粉丝的力量变现都是不错的生财之道。

流量变现的关键在于吸引抖音用户观看自己的抖音短视频，然后通过短视频内容引导抖音用户，从而达到自身的目的。针对流量变现，给大家分享如下 4 种方式。

9.2.1　广告代言

当抖音电商运营者的抖音积累了大量粉丝，账号成了一个知名度比较高的 IP 之后，可能就会被邀请做广告代言。此时，抖音电商运营者可以凭借赚取广告费的方式，进行 IP 变现。

抖音中通过广告代言变现的 IP 还是比较多的，它们共同的特点就是粉丝数量多，知名度高。如图 9-10 所示为摩登兄弟的抖音个人主页，可以看到其粉丝量超过了 3000 万。

正是因为有如此多的粉丝，摩登兄弟的刘宇宁成功接到了许多广告代言，其中不乏一些知名品牌的代言，如图 9-11 所示为刘宇宁的代言宣传海报。广告代言多，又有不少是知名品牌，刘宇宁的广告代言收入也就可想而知了。

图 9-10　"摩登兄弟"的抖音个人主页

图 9-11　刘宇宁的代言宣传海报

9.2.2　粉丝礼物

对于那些有直播技能的主播来说，最主要的变现方式就是通过直播来赚钱。粉丝在观看主播直播的过程中，可以在直播平台上充值购买各种虚拟的礼物，在主播的引导或自愿的情况下送给主播，而主播可以从中获得一定的比例提成以及其他收入。

这种变现方式要求人物 IP 具备一定的语言和表演才能，不仅要有一定的特点或人格魅力，能够将粉丝牢牢地"锁在"自己的直播间，而且还能够让粉丝主动为自己花钱购买虚拟礼物。

直播在许多人看来就是在玩，毕竟，大多数直播都只是一种娱乐。但是，不可否认的一点是，只要玩得好，玩着就能把钱给赚了。因为主播们可以通过直播，获得粉丝的打赏，而打赏的这些礼物又可以直接兑换成钱。

当然，要通过粉丝送礼，玩着就把钱赚了，首先需要主播拥有一定的人气。这就要求主播自身要拥有某些过人之处，只有这样，才能快速积累粉丝数量。

其次，在直播的过程中，还需要一些所谓的"水军"进行帮衬。图 9-12 所示为粉丝给主播送礼物的相关界面，可以看到在画面中，粉丝都是扎堆送礼物的。之所以会出现这种情况，"水军"的作用功不可没。

很多时候，人都有从众心理，所以，如果有"水军"带头给主播送礼物时，其他人也会跟进，这就在直播间形成了一种氛围，让看直播的其他受众在压力之下，因为觉得不好意思，或是觉得不能白看，也跟着送礼物。

图 9-12　粉丝给主播送礼物的相关界面

获得粉丝赠送的礼物之后，主播便可以在抖音短视频 App 里进行提现。下面就来介绍在抖音平台上提现的步骤。

步骤 01　登录抖音短视频 App，在"我"界面中点击██按钮；在弹出的菜单栏中点击"钱包"按钮，如图 9-13 所示。

步骤 02　操作完成后，进入"钱包"界面，选择界面中的"直播音浪"选项，如图 9-14 所示。

步骤 03　操作完成后，进入如图 9-15 所示的"直播收益"界面，在该界面中选择"提现"选项，然后根据提示进行操作即可完成提现操作。

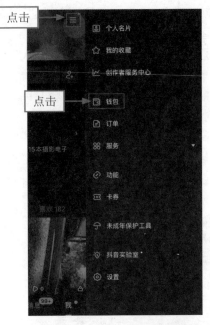

图 9-13　点击"钱包"按钮

图 9-14　选择"直播音浪"选项

图 9-15　选择"提现"选项

9.2.3　线下导流

抖音用户都是通过抖音短视频 App 来查看线上发布的相关短视频，而对于一些在线上没有店铺的抖音电商运营者来说，要做的就是通过短视频将线上的抖音用户引导至线下，让抖音用户到店打卡。

如果抖音电商运营者拥有自己的线下店铺，或者有跟线下企业合作，则建议大家一定要认证 POI（Point of interest，译为兴趣点，即通过电子地图将地址进行定位，让该定位成为一个可以被搜索到的点），这样可以获得一个专属的唯一地址标签，只要能在高德地图上找到自己的实体店铺，认证后即可在短视频中直接展示出来。抖音电商运营者及其他抖音用户在上传短视频时，如果给短视频进行定位，那么，只要点击定位链接，就能查看店铺的具体信息和其他用户上传的与该地址相关的所有短视频。

除此之外，抖音电商运营者将短视频上传之后，附近的抖音用户还可以在同城版块中看到自己的抖音短视频。再加上 POI 功能的指引，便可以有效地将附近的抖音用户引导至线下实体店。具体来说，其他抖音用户可以在同城版块中通过如下操作了解线下实体店的相关信息。

步骤01　登录抖音短视频 App，点击"推荐"界面中的"同城"按钮，如图 9-16 所示。

步骤02　进入同城版块，在该版块中可以看到同城的直播和短视频，如果店铺位置进行了 POI 认证，其抖音短视频下方便会出现🍴图标。抖音用户可以点击对应的短视频进行查看，如图 9-17 所示。

图 9-16　点击"同城"按钮

图 9-17　点击对应的短视频

步骤03　进入短视频播放界面，点击🍴图标对应的位置，如图 9-18 所示。

步骤04　操作完成后，进入店铺界面查看该店铺的相关信息，如图 9-19 所示。

除此之外，抖音用户还可以直接点击界面中的定位，借助导航功能直接去线下实体店打卡。

抖音电商运营者可以通过 POI 信息界面，建立与附近粉丝直接沟通的桥梁，向他们推荐商品、优惠券或者店铺活动等，从而有效地为线下门店导流，同时能够提升转化率。

POI 的核心在于用基于地理位置的"兴趣点"来链接用户痛点与企业卖点，从而吸引目标人群。大型的线下品牌企业还可以结合抖音的 POI 与话题挑战赛来进行组合营销，通过提炼品牌特色，找到用户的"兴趣点"来发布相关的话题，这样可以吸引大量感兴趣的用户参与，同时让线下店铺得到大量曝光，而且精准流量带来的高转化率也会为企业带来高收益。

图 9-18　点击🍴图标对应的位置　　　图 9-19　查看店铺的相关信息

例如，"广州长隆"是一个非常好玩的地方，许多长沙地区的人都会将其作为节假日的重点游玩选项，基于用户的这个"兴趣点"，在抖音上发起了"＃广州长隆"的话题挑战，并发布一些带 POI 地址的景区短视频，对景区感兴趣的用户看到话题中的短视频后，通常都会点击查看，此时进入到 POI 详情页即可看到广州长隆的详细信息，如图 9-20 所示。这种方法不仅能够吸引粉丝前来景区打卡，而且还能有效提升周边商家的线下转化率。

在抖音平台上，只要有人观看抖音电商运营者的短视频，就能产生触达。POI 拉近了企业与用户的距离，在短时间内能够将大量抖音用户引导至线下，方便了品牌进行营销推广和商业变现。而且 POI 搭配话题功能和抖音自身的引流带货基因，同时也让线下店铺的传播效率和用户到店率得到提升。

图 9-20　"话题 +POI"营销示例

9.2.4　平台导粉

部分抖音电商运营者可能同时经营多个线上平台,而且抖音还不是其最重要的平台。对于这一部分抖音电商运营者来说,通过一定的方法将抖音粉丝引导至特定的其他平台,让抖音粉丝在目标平台中发挥力量就显得非常关键了。

在抖音中可以通过两种方式将抖音用户引导至其他平台。一是通过链接引导;二是通过文字、语音等表达进行引导。

通过链接导粉比较常见的方式就是在视频或直播中将销售的商品插入其他平台的链接,这样,抖音用户通过点击链接,直接进入目标平台,如图 9-21 所示。

图 9-21　点击链接进入目标平台

当抖音用户进入目标平台之后，抖音电商运营者则可以通过一定的方法，如发放平台优惠券，将抖音用户变成目标平台的粉丝，让抖音用户在该平台上持续贡献购买力。

通过文字、语音等表达进行引导的常见方式就是在视频、直播等过程中，简单地对相关内容进行展示，然后通过文字、语音将对具体内容感兴趣的抖音用户引导至目标平台。

9.3　其他变现，提高自身"钱"景

除了销售变现和流量变现之外，抖音电商运营者还可以通过其他变现方式来提高自身的"钱"力。下面重点介绍其中的两种。

9.3.1　社群运营

在抖音短视频平台上运营一段时间之后，随着知名度和影响力的提高，如果抖音电商运营者在抖音中留下了微信等联系方式，便会有人申请加你为好友。如图 9-22 所示为笔者的微信好友申请界面，可以看到其中有很多人来自于抖音平台。

我们可以好好利用这些人群，从中寻找商机。比如，这些来自抖音的人群，都有具体的需求，有的人是想学习抖音如何运营，有的人是想学习如何做营销。对此，可以根据人群的具体需求进行分类，然后将具有相同需求的人群拉进同一个微信群，构建社群，并通过社群的运营寻找更多商机。

笔者便是将来自抖音的人群根据需求进行分类之后，构建了微信群，如图 9-23 所示为笔者书友密训会微信群的相关界面。

9.3.2　IP 增值

抖音电商运营者要把个人 IP 做成品牌，当粉丝达到一定数量后可以向娱乐圈发展，如拍电影电视剧、上综艺节目以及当歌手等，实现 IP 的增值，从而更好地进行变现。如今，抖音平台上就有很多"网红"进入娱乐圈发展，包括费启鸣、摩登兄弟

图 9-22　微信好友申请界面

图 9-23　书友密训会微信群

刘宇宁和冯提莫等。

例如，作为一个颜值和动人歌喉兼具的主播，冯提莫在抖音上发布了大量歌唱类短视频。如今摩登兄弟成为了拥有超过 3000 万粉丝的大 IP，如图 9-24 所示为"冯提莫"的抖音个人主页。

正是因为在抖音平台上的巨大流量，冯提莫不仅被许多音乐人看中，推出了众多量身定制的单曲，更被许多综艺节目邀请，如图 9-25 所示为冯提莫参加《蒙面唱将猜猜猜》的海报图。

图 9-24　"冯提莫"的抖音个人主页

图 9-25　冯提莫参加《蒙面唱将猜猜猜》
　　　　　的海报图

第 10 章

变现案例，看大号和商品是怎么走红的

学前提示

对于抖音电商运营者来说，在抖音中获得成功主要有两条途径。一是通过账号的打造，让自己变成抖音大 V，然后进行变现；二是通过网红商品的打造，用销量来换取收益。

这一章将通过具体案例的展示，对抖音大 V 的打造和变现，以及网红商品的打造进行说明。帮助大家更好地学习成功的经验，借助抖音赚取自己的一桶金。

要点展示

- 抖音大号是这么带货的
- 抖音爆款是这么打造的

10.1　抖音大号是这么带货的

抖音大 V 是指获得抖音认证并拥有大量粉丝的抖音用户。如果抖音大 V 能够善用自己的流量，便可以借助网红经济变身带货达人，快速实现变现。本节将重点为大家介绍抖音平台的 8 个大 V，看看他们是如何进行变现的。

10.1.1　李佳琦

随着时代的发展，一些固有的观念开始发生变化。比如，以前化妆基本上是女性的事，而现在许多比较注意形象的男性也开始化妆了。也正是因为如此，许多男性美妆视频主应运而生。

也许是看惯了女视频主化妆，许多受众反而对男性美妆视频主更感兴趣。于是，李佳琦等男性美妆视频主获得了快速发展，成为了美妆界的带货达人。

和许多美妆视频主不太相同的是，李佳琦有着自己的人设，或者说标签，那就是"口红一哥"。如图 10-1 所示为李佳琦的抖音个人主页，可以看到"口红一哥"这几个字便赫然在列。

图 10-1　李佳琦的抖音个人主页

为什么李佳琦自称口红一哥，大家却很买账呢？这主要是因为他的短视频内容主要集中在口红这一块，给受众介绍了大量的口红。而且作为一个拥有超过3000 万粉丝的抖音大 V，他的带货能力是十分惊人的。在卖口红这一块基本上没有人可以比得过他。

马云作为一个国际知名的人物，其号召力可以说是比较强的。然而，和李佳琦比赛卖口红，马云却输了。由此便不难看出李佳琦在口红方面的号召力。如图10-2 所示为马云与李佳琦比赛卖口红的相关短视频。

图 10-2 马云与李佳琦比赛卖口红的相关短视频

李佳琦在抖音商品橱窗中展示了大量的商品。因为其具有大量粉丝，再加上口红一哥这个名头带来的号召力，他的店铺商品销量一直以来都比较有保障。特别是口红，如图 10-3 所示为李佳琦的抖音商品橱窗，可以看到其中有许多销量过万的口红品种。

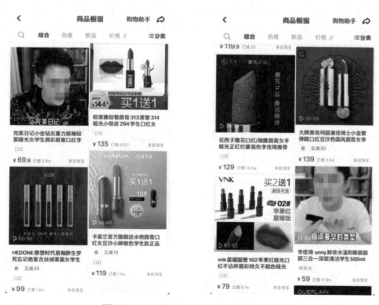

图 10-3 李佳琦的抖音商品橱窗

10.1.2　呗呗兔

有这样一个人，她的粉丝量虽然不到 100 万，却在 2019 年抖音 618 万物狂欢节的"最受用户喜爱的分享达人"榜单中居于第 3 位（仅次于李佳琦和正善牛肉哥）。她就是接下来要重点介绍的呗呗兔。如图 10-4 所示为呗呗兔的抖音个人主页。

图 10-4　呗呗兔的抖音个人主页

看到呗呗兔获得成功，许多人都会有一些疑惑。抖音上有那么多粉丝上千万的大 V，为什么这个名气不算大的呗呗兔却能在"最受用户喜爱的分享达人"中排到这么前面呢？其实，如果仔细看呗呗兔的商品橱窗，就可以看出一些端倪。在她的商品橱窗中，其中基本上都是一些价格比较低的商品，如图 10-5 所示。

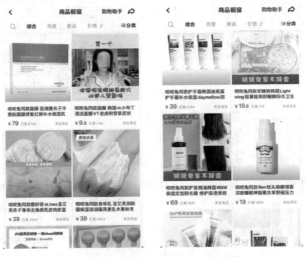

图 10-5　呗呗兔的抖音商品橱窗

　　而且结合她发布的短视频，抖音用户会觉得这些商品既好用又便宜。对于这样的商品，抖音用户自然会更愿意购买。

　　当然，呗呗兔能在抖音"618万物狂欢节"中获得成功主要还是在于她通过直播获得了超过1200万元的成交额，商品总销售件数超过116万，抖音直播间观看数达到536万次的成绩。

　　这个成绩的取得，除了直播内容足够具有吸引力之外，还与她在抖音平台中树立的形象有着很大的关系。正是因为她在抖音平台中推荐的都是便宜好用的物品，抖音用户才会觉得买她的东西比较放心，也才会更愿意关注她的直播。

10.1.3　黄三斤

　　黄三斤有着"中国版千颂伊"之称，这个霸气又不失可爱的女孩，借助令人印象深刻的短视频，在短短3个月的时间内，便拥有了超过1000万的抖音粉丝，如图10-6所示为黄三斤的抖音个人主页。

图10-6　黄三斤的抖音个人主页

　　短视频是抖音变现的重要渠道，而黄三斤的抖音短视频变现方式则值得抖音电商运营者学习。和许多抖音电商运营者不同的是，黄三斤的短视频往往都会带有一定的剧情，而要推销的商品一般都是在短视频中几个画面带过，如图10-7所示为黄三斤发布的相关短视频。

　　也正是因为如此，黄三斤发布的短视频才能够在抖音用户心中留下较为深刻的印象。而且因为植入的都是软性广告，所以既达到了推销商品的作用，也不至于让抖音用户对营销行为反感。

　　而从销售的商品来看，作为美妆类视频主的黄三斤则是结合自己的定位，以销售美妆类产品为主。这一策略显然也取得了不错的效果，如图 10-8 所示为黄三斤的抖音商品橱窗，可以看到其中有大量美妆类商品，而且许多美妆类商品都获得了不错的销量。

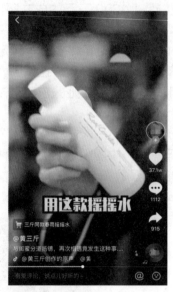

图 10-7　黄三斤发布的相关短视频

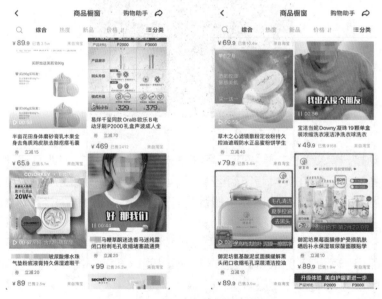

图 10-8　黄三斤的抖音商品橱窗

10.1.4　七舅脑爷

　　"七舅脑爷"是洋葱旗下的 IP，他是在抖音里面拍摄短视频火起来的，在里面每个短视频都非常吸引用户。如图 10-9 所示，仅在抖音的获赞次数便达到两亿多，粉丝数超过 3000 万。

图 10-9　"七舅脑爷"的抖音个人主页

　　"七舅脑爷"在抖音平台的粉丝数超过了 3000 万，获赞数 2.9 亿，这相对于抖音平台的其他网红来说已经是排在前列了。"七舅脑爷"之前发布的短视频大多都是悬疑类型，现在除了悬疑烧脑剧情，还有两性话题等，都是时下年轻人喜欢的。

　　不仅如此，"七舅脑爷"在抖音上发布的短视频内容与平台高度契合，抖音是一款音乐类的娱乐软件，"七舅脑爷"利用优质剧情和应景的背景音乐给用户带来了一个个优秀的作品，所以才使得用户点击率和关注度这么高。

　　那么"七舅脑爷"在抖音火起来之后是怎么让这个 IP 获得收益的呢？这个不仅是靠每天的用户点赞、评论和转发，在 2018 年"双十二"，抖音平台开通了橱窗购物车的功能，就在当天，"七舅脑爷"在直播间举行了一个个人电商活动。如图 10-10 所示为"七舅脑爷"的直播宣传海报。

　　"七舅脑爷"为了回馈粉丝和庆祝全网粉丝破 6000 万，他利用抽奖的方式将价值 100 万元的奖品全部赠送给粉丝，如图 10-11 所示为直播中的部分旅游奖品。除此之外，"七舅脑爷"还帮 40 位粉丝清空他们的购物车，金额上不封顶。结束后的直播销售额高达 1000 万元，让"七舅脑爷"和各大合作商家都狠狠赚了一笔，"七舅脑爷"也成了名副其实的带货达人。

　　"七舅脑爷"的此番直播并不是偶然，因短视频在 2018 年下半年发展得越来越好，各个平台都加快了变现的脚步，想要建造广告和电商的商业变现体系。纵观这几年平台的发展，电商依然是各平台红人的重要盈利模式。

产品	奖品名称	奖品价格
	日本关西六天五晚浪漫享乐行 ×1	25980元
	欧洲双人游 ×1	29800元
	越南芽庄4-6天自由行（机+酒）×2	8000元
	马来西亚沙巴5-7天自由行 ×4	16000元
	巴厘岛5-7天自由行（机+酒）×4	16000元
	泰国曼谷6-8天自由行（机+酒）×2	6000元
	韩国双人5日游 ×1	5000元

"假期来了，带你去旅行吧——"

图 10-10　"七舅脑爷"的直播宣传海报　　　图 10-11　直播中的部分旅游奖品

10.1.5　老爸评测

　　"老爸评测"的创始人是魏文峰，他在 2015 年之前是杭州一家公司的总经理兼创始人，2015 年后他创办了社会企业"老爸评测 DADDYLAB"，并创建了微信公众号"老爸评测 DADDYLAB"。

　　"老爸评测 DADDYLAB"的公众号里面不仅仅有文章，还有魏文峰已经通过检测的，可使用的安全产品，如图 10-12 所示。

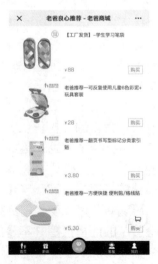

图 10-12　"老爸评测"微信商城截图界面

那么，是什么原因让他辞去了检测企业总经理的职务呢？原因是他发现学生所用的塑料包书皮里含有大量超标化学物质以及致癌物质，几乎所有的书皮都是三无产品。

为了让学生免受其害，为了让社会重视，魏文峰决定将自己的检测过程拍成纪录片，并把这部纪录片编写成文章放在了自己的微信公众号上，结果比他预料的好，就在当日，这篇文章的浏览量突破了 10 万，在之后几天里，有许多记者纷纷扛着摄像机排着队等着采访魏文峰，从此，他的公益之路就此展开。

魏文峰的背景是国际化学品法规专家，有十年出入境检验检疫局实验室检测工作经验。他在抖音上也注册了一个抖音号，用来发布一些检测过程的视频，如图 10-13 所示是"老爸评测"在抖音的个人主页界面。

图 10-13　"老爸评测"的抖音个人主页

魏文峰以科学的方法检测一些网红护肤品和食品，最终选出一些安全无害的产品，放在抖音的商品橱窗里面，供大家参考，如图 10-14 所示。同时，还在淘宝上开设了自己的店铺——"老爸评测"的淘宝店。因为该店铺的商品都是评测之后比较认可的，受众买着也比较放心，所以，该店铺部分单品销量也轻松超过了 1 万件。

"老爸评测"选择的话题都是比较犀利的，但是也同时具有实用性，他把时下流行的和经常购买的产品，用直观浅显的方式告诉用户这个产品的安全性，另外，"老爸评测"给每个短视频起的标题都营造了一个悬念感，让用户产生了猎奇心理。用户自然而然就愿意主动点击观看，再加上主持人强有力的镜头表演力和生动幽默的语言都是短视频的一大亮点。

魏文峰的计划是跟公益挂钩，将公益和商业结合起来，这就是在未来魏文峰对于"老爸评测"的标准。"老爸评测"不仅打破了传统产品的安全评测的大格局，也打造了未来"老爸评测"的新趋势。这样大家以后只要看到商品印着"老爸评测"的字样就可以放心购买了。

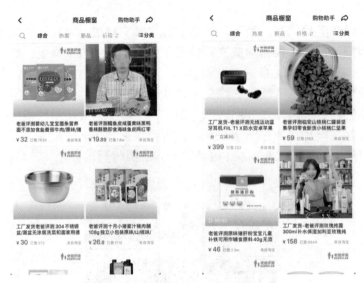

图10-14 "老爸评测"的抖音商品橱窗

10.1.6 牛肉哥严选

如果你看过牛肉哥严选发布的短视频，就会发现其推荐和销售的产品涉及了多个领域。那么，他为什么要给自己的抖音账号取名为"牛肉哥严选"呢？

这主要是因为牛肉哥严选是通过销售牛肉走进大众视野中的。2018年8月，牛肉哥严选正式入驻抖音，通过引入进口原切牛排来满足大众的需求。入驻抖音之后，牛肉哥严选发布的牛排"封边"短视频快速走红，与此同时，牛肉哥严选创下了2018年"双十一"淘宝系进口牛羊肉类目销量第一的好成绩。

牛肉销售的成功让牛肉哥严选受到了很大的鼓舞，于是，除了牛羊肉之外，他开始了在其他领域的探索之路。因为牛肉哥严选销售的商品价格相对较低，而且质量都比较有保障。所以，抖音用户都比较愿意购买他推荐的商品。

于是，在2019年618万物狂欢节的"最受用户喜爱的分享达人"榜单中，获得了第2名的成绩，排名仅次于拥有超过3000万粉丝的李佳琦。要知道牛肉哥严选的粉丝量当时只有500万左右，如图10-15所示为牛肉哥严选的抖音个人主页。由此也不难看出牛肉哥严选强大的号召力。

牛肉哥严选的短视频内容极具表现力，看过他的短视频的人一定会知道这么一句话，那就是：找到源头，把价格打下来！这主要是因为他发布的每一条短视频都有类似的话语，这似乎已经成为了他的口头禅。如图10-16所示为牛肉哥严选发布的一则短视频，在这则短视频中便可以看到与之类似的话语。

图 10-15　牛肉哥严选的抖音个人主页

图 10-16　牛肉哥严选发布的抖音短视频

为什么要说"把价格打下来"呢？这主要是因为牛肉哥严选的主要取胜之道就是为抖音用户推荐低于市场价格的商品。如图 10-17 所示为同款产品的价格对比图，左边的图是牛肉哥严选销售的产品价格，右边的图是某个店铺销售的产品价格。

可以看到这两个价格的差距竟然达到了 100 多元，面对这样的价格，相信大部分抖音用户都比较容易心动了。而在这种情况下，牛肉哥严选推荐的产品，其销量自然就比较有保障了。

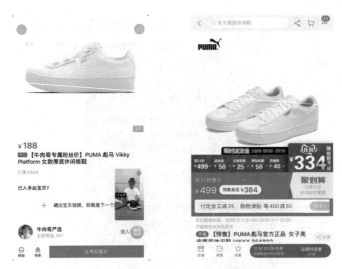

图 10-17 同款产品价格对比

10.1.7 丽江石榴哥

丽江石榴哥，原名金国伟，他之所以能够走红，主要是因为有游客看到他在摆摊卖石榴时用流利的英语与顾客交流，并将其拍摄成短视频，上传到了抖音。抖音用户看到短视频中他淳朴、可爱的形象之后，对他用英语卖石榴的行为留下了深刻的印象。于是，抖音用户纷纷称其为"石榴哥"。

因为金国伟常年在丽江，所以，他便取了一个"丽江石榴哥"的抖音名称。虽然石榴哥背后没有专业的团队进行宣传，但在 1 年多的时间内也获得了超过600 万的粉丝，如图 10-18 所示为丽江石榴哥的抖音个人主页。

图 10-18 丽江石榴哥的抖音个人主页

石榴哥火起来之后，没有像有的网红一样，借助自己的名气去割韭菜，而是一如之前的淳朴，这一点从其商品橱窗中的商品便可以看得出来。如图 10-19 所示为丽江石榴哥的抖音商品橱窗，从中可以看出，其销售的都是价格相对较低的农产品。

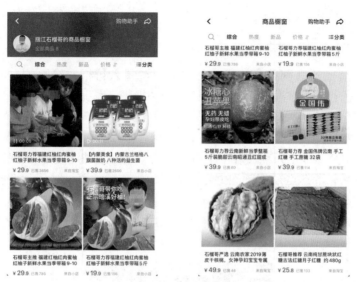

图 10-19　丽江石榴哥的抖音商品橱窗

正是因为石榴哥的淳朴，抖音用户特别是他的粉丝对他都比较信任。于是，2019 年 8 月 20 日，石榴哥在抖音进行了自己的第一场直播，而这次直播也创造了 20 分钟卖出 120 余吨石榴、最高每分钟卖出 4000 单、销售价值近 600 万元的成绩。事后，石榴哥在微信朋友圈发布了一条信息，表达了自己的感慨，如图 10-20 所示。

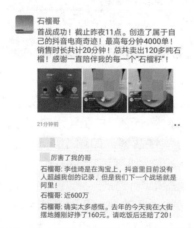

图 10-20　丽江石榴哥发布的朋友圈消息

抖音短视频的用户基数比较大，因此，也制造出一批批的网红。这其中大部分的网红，背后都有专业的团队支持。而像石榴哥这种没有团队也能取得成功的网红，数量虽然相对较少，但也让许多正在拼搏的短视频博主看到了成功的可能性。

10.1.8 柚子cici酱

相比于其他抖音网红，柚子cici酱可以说是入行相对较晚的。2018年12月4日，柚子cici酱才发布了自己的第一个短视频。也正是因为如此，刚入行时，柚子cici酱是不太被大家所看好的。

但是，她的短视频发布后却取得了意想不到的效果。虽然是自己的第一个短视频，但却获得了20万点赞和8000个评论。随后，柚子cici酱又发布了大量优质的短视频，而这些短视频也为她带来了可观的粉丝量。柚子cici酱的粉丝从第一个月的20万，到第二个月的170万，再到现在的1700多万，粉丝增长速度无疑是惊人的，她甚至还创造了一周涨粉百万的记录，如图10-21所示为柚子cici酱的抖音个人主页。

图10-21　柚子cici酱的抖音个人主页

柚子cici酱本身就长得比较好看，再加上有着较为专业的美妆类知识。所以，其发布的短视频基本都与美妆有一定的关系。而短视频内容则不是直接对产品进行推销，而是结合剧情进行软性营销。如图10-22所示为柚子cici酱发布的抖音短视频，其中，对于产品的推销只有简单的几个画面。

和大多数抖音美妆视频主相同，柚子cici酱也是基于自身定位，以销售美妆类产品为主。不过，她选择的更多的是大多数抖音用户都可以接受的一些中端商品，再加上柚子cici酱本身比较好看，发布的短视频也对抖音用户比较有吸引力，所以，柚子 cici 酱的商品通常都有一定的销量，如图 10-23 所示为柚子 cici 酱的抖音商品橱窗。

图 10-22　柚子 cici 酱发布的抖音短视频

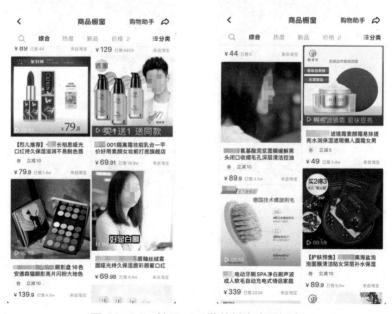

图 10-23　柚子 cici 酱的抖音商品橱窗

虽然柚子 cici 酱入行的时间较晚，但是，她巨大的粉丝量却让她具有了惊人的带货能力。其为某品牌做的一个推广短视频，点赞量达到 200 万，短视频发布后不到 12 小时，便超过了 20 万元。而 2019 年 8 月份，柚子 cici 酱更是以 427 的热卖值，在抖音成功登顶。

10.2 抖音爆款是这么打造的

除了人，或者说抖音账号之外，抖音还带火了许多商品。这一节就选择 10 种抖音网红商品进行说明，并分析这些网红商品走红的原因。

10.2.1 薄饼锅

"民以食为天"，吃永远是人们生活中避不开的一个话题。但是，对于许多吃货来说，吃东西容易，要自己动手做东西吃却是一件难事。而且厨艺一般都是需要通过后天的培养，要想零基础做出美味的食物是比较难的。

而抖音中就有这样一件神器，不需要什么烹饪经验，也能做出美味的食物。这件神器就是薄饼机。薄饼机的使用非常简单，用户只需将配置好的原料放置在特定容器中，然后将薄饼机与容器中的薄饼原料接触，再将薄饼机开启，便可快速制作一张薄饼，如图 10-24 所示。

图 10-24 抖音中关于"薄饼机"的相关短视频

相比于用普通锅具制作薄饼，薄饼机不仅更省时省力，还不容易出现将薄饼烧焦的情况，另外，抖音用户只要准备好了食材，还能制作出各种口味的薄饼。有了它，即便平时十指不沾阳春水，也能快速制作出美味的薄饼。试问，这样的神器，谁又能不心动呢？因此，这种薄饼制作神器走红抖音，成为许多家庭主妇人手一个的神器也就很容易理解了。

10.2.2　封口机

吃货们经常会有一个烦恼，那就是有时候一次性打开了多种零食，奈何肚子空间有限，没有吃完。此时，如果任由零食的开口打开着，零食很可能会变潮、变质。而如果就这样丢掉又会觉得太浪费了。

其实，这个时候如果有一个"封口机"，零食吃不完就不再是问题了。"封口机"，顾名思义，就是给打开的物品重新封口的一种机器。"封口机"之所以可以在抖音上成为爆款，主要是因为它操作起来方便，只要在需要封口的位置轻轻一划，便可以完成封口。而且封口之后，密封效果非常好，即便是倒着，密封的液体也不会流出来，如图 10-25 所示。

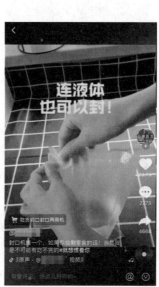

图 10-25　抖音中关于"封口机"的相关短视频

除了零食之外，"封口机"还可以对厨房的各种袋装调料进行封口，避免变质、不小心倾倒；对冰箱中的袋装物品进行封口，避免串味。因此，无论是吃货，还是家庭主妇，对"封口机"的需求都会比较强烈，这也是它能够成为抖音爆款的重要原因之一。

10.2.3　刷锅神器

许多人宁愿点外卖，也不想自己动手做饭。这不仅是因为做饭比较麻烦，更因为吃完饭之后的清洁工作比较累。尤其是刷锅。本来洗刷厨具就是一件比较伤手的事，再加上有时候锅上面可能会沾上一些烧焦的食物。

此时，如果用抹布等传统的清洁工具进行洗刷，不仅费时费力，而且对手的损伤也比较大。更关键的还在于，因为锅里有油，所以，洗完锅之后，手上黏糊糊的，让人觉得很不舒服。

那么，如何更加方便地刷锅呢？对此，有人专门生产了一种刷锅神器，用户只需将清洁剂倒入刷子的管道内，便可以让刷头均匀沾好清洁剂。而后，只需用刷子直接刷锅即可，如图10-26所示。

图10-26　抖音中关于"刷锅神器"的相关短视频

这款刷锅神器的优势就在于，用户使用它之后，无须用手再接触锅，从而减少对手的损伤。再加上专门的设计能让清洁剂涂抹得更加均匀，让刷洗工作更加高效。所以，这款刷锅神器进入抖音之后，马上就受到了许多家庭主妇的欢迎。

10.2.4　挤牙膏器

很多人都有这样的经历：牙膏快用完了，却忘记买了。但是，时间又比较紧，来不及再去商店买新牙膏了。于是，为了挤出一点牙膏，许多人花了九牛二虎之力。然而，里面的牙膏本来就比较少了，挤了半天也没有挤出来。面对这种情况，有的人可能只能无奈地选择用清水简单地漱一下口。

其实，牙膏快用完的时候，管子里面还是有一些牙膏的，只是比较难挤出来罢了。那么，能不能找到一种把剩余的牙膏快速挤出来的方法或者工具呢？正是因为许多人心中都有此一问，一款挤牙膏器应运而生。

当牙膏剩余不多时，用户只需将牙膏的低端固定在该挤牙膏器上，并扭动挤牙膏器旁边的按钮，便可以轻松将牙膏挤出来，如图 10-27 所示。

图 10-27   抖音中关于"挤牙膏器"的相关短视频

挤牙膏器挤出来的牙膏要比人挤得更干净一些，因此，它能够提高牙膏的使用率，普及使用，甚至能节省不少资源。再加上用它挤牙膏，比纯粹用手挤要省时省力得多。所以，虽然它的价格不比一些低端牙膏便宜，许多抖音用户看到之后还是决定购买。

10.2.5　发热鞋垫

对于鞋垫这种东西，不同年纪的人需求强度也会存在较大的差异。如果仔细观察的话，就会发现中老年人基本上都会垫鞋垫，有时候可能还会垫上几个。而20 岁出头的年轻人则基本上都是买回来的鞋是什么样，就怎么样穿，不会再垫其他鞋垫。这可能与时代环境造就之下个人的穿鞋习惯有一定的关系。

当然，这说的是一般的鞋垫，如果是其他鞋垫则不然。比如，有的人，特别是年轻人，如果觉得自己有点矮，会去垫增高鞋垫。又比如，天气冷了，有的人为了暖脚会买一些暖脚的鞋垫。

以往，那些暖脚的鞋垫都是一些带绒毛的，或者很厚一层的。这些鞋垫虽然开始穿着效果不错，但是，穿了几次，特别是洗过之后，效果就逐渐变差了。并且因为透气性普遍不是很好，所以，穿久了很容易有味道。

于是，有的人参考暖宝宝的思路，研制了一种发热鞋垫。这种鞋垫穿上之后，效果比一般的保暖鞋垫更好，使用后能够持续发热 10 个小时，也就是说，基本上一天使用一套即可，如图 10-28 所示。

图10-28　抖音中关于"发热鞋垫"的相关短视频

发热鞋垫很好地解决了冬天脚冷的问题，而且比一般的暖脚鞋垫穿着舒服，再加上用户可以像用暖宝宝一样，将其作为一次性物品使用，无须穿后再进行清洗。所以，随着天气变冷，包括一些表面不怕冷的年轻人，都买了一些。于是该产品的销量在短期内快速增长。

这种发热鞋垫使用起来无疑是非常方便的。不过如果将其作为一次性物品使用的话，还是容易造成资源的浪费。

10.2.6　理发师彩泥

出生于农村的许多80后和部分90后，小时候家里条件比较有限，没有太多玩具。泥巴这种在农村随处可见的物品为他们的童年带来了许多乐趣，一堆简单的泥巴也能玩很久。

随着生活水平的提高，现在的小孩玩具也逐渐变得丰富起来。可即便如此，仍有一些小孩对于泥巴情有独钟。当然，现在大多数孩子都不会随便在地上拿块泥巴就玩。现在有儿童玩具公司专门制作彩泥等适合孩子玩的"泥巴"，这些"泥巴"既不容易让孩子弄脏衣服，又比一般的"泥巴"要好看得多。

也许是因为在一些人看来彩泥更像是小男孩的玩具，于是，有人开发了理发师彩泥这种新玩具。这种玩具的独特之处就在于，彩泥会从小人模具的头上作为"头发"长出来，而孩子们则可以对这些"头发"进行整理，甚至于还可以在发型整理完之后，用其他的彩泥再给小人制作一些配饰，如图10-29所示。

图 10-29　抖音中关于"理发师彩泥"的相关短视频

通常小女孩普遍都喜欢给小人做一些打扮，比如，给芭比娃娃换发型和服装等。而理发师彩泥的出现，则能从一定程度上满足小女孩们爱给小人做打扮的需求。再加上彩泥的可重复使用属性。于是，该玩具在抖音中出现之后，很快就受到了许多新生儿父母的欢迎。

10.2.7　手持挂烫机

对于一些比较讲究的人来说，衣服的整洁性非常重要，衣服上起了一点皱可能也难以忍受。于是，这一部分人会选用特殊的叠衣方法，不让衣服上留皱。还有一部分人担心叠衣会留皱，干脆就直接把衣服挂在柜子里。可即便是如此，因为洗衣等原因，衣服上可能还是会出现一些褶皱。

看着这些褶皱，这些比较讲究的人一方面会觉得难以忍受；另一方面，如果用一般的熨斗烫平，不仅操作起来比较麻烦，而且一般的熨斗块头还比较大，用完之后还不好放。

那么，有没有更好的解决方法呢？此时，或许可以选择在抖音上的爆款产品——手持挂烫机。这种挂烫机体积小、质量轻，但是，喷发的水汽却比较丰富。用户只需灌入一定的水量，把衣服挂好，便可以单手进行操作，并且使用过的效果还比较好，如图 10-30 所示。

使用过传统电熨斗的人都知道，要熨平一件衣服是多么麻烦的一件事。而且那笨重的电熨斗用着别说多费力了。相比之下，这款手持挂烫机使用起来无疑会方便得多，并且因为它的体积小，还可以随身携带。于是，一些经常外出，但对衣服整洁度比较有要求的人群，看到这款产品之后马上就动心了。所以这种手持挂烫机自然就不愁销量了。

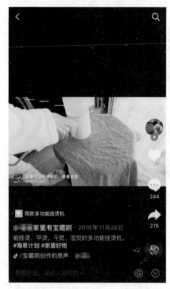

图 10-30　抖音中关于"手持挂烫机"的相关短视频

10.2.8　纳米双面胶

说起胶布，大家见得更多的可能是单面胶。当然，双面胶也见过一些，但是，我们印象中的双面胶更多的可能是一些用于粘小物件的。这些双面胶块头比较小，黏性也相对比较有限。甚至于用了没多久之后，粘着的东西就掉落了。因此，如果要粘一些稍大的物件，大多数人可能并不会考虑使用双面胶。

虽然很多时候，要将东西粘在一起，直接使用单面胶也可以。但是，如果要将两件物体直接粘在一起，并且还不能让人看出胶带的痕迹，那么，使用单面胶就不好操作了。

其实，有的人可能不知道的是，抖音上就有一种名叫纳米双面胶的物品，这种双面胶的块头比常见的小型双面胶要大得多，而且黏性还比较强。将双面胶粘在门上面，另一面粘着小凳子和砖头，甚至在上面再放上一只猫，这些东西也不会失去黏性，如图 10-31 所示。

除了强劲的黏性之外，这种双面胶脏了之后，洗干净还能重新使用。而且其块头比较大，能够粘连的物品种类比较多。再加上其价格也比较便宜，大多数用户都不觉得贵。因此，当看到抖音中的推广短视频之后，许多抖音用户便决定买一些回家试试效果。

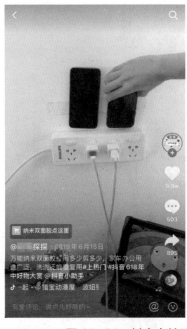

图 10-31　抖音中关于"纳米双面胶"的相关短视频

10.2.9　螺旋式晾衣架

　　晾衣架应该是每个家庭都必不可少的一种物品，为了让衣物清洗完成之后，尽快被晾干，都会用到它。其实，我们要清洗的东西除了衣服，还有很多其他的东西，如床单、被罩和窗帘等。

　　而当我们洗完床单、被罩和窗帘这些面积比较大的物品之后，通常又会遇到一个问题，那就是用普通的晾衣架不好把它们支起来晾晒。如果将它们叠起来放在一个晾衣架上晒，又不容易晒干，而且因为有一部分被闷着，还有可能会产生一些味道；而如果用两个晾衣架来晒，虽然东西是撑开了，但是，一个人不太好操作，而且被风一吹还容易掉到地上。

　　之所以会遇到这个难题，主要还是因为少了一件东西，那就是螺旋式晾衣架。螺旋式晾衣架虽然被叫做晾衣架，但是，它能晾的东西远不止常见的衣物。除了衣物之外，还可用来晾晒床单、被罩和窗帘这些面积比较大的物品。

　　并且晒这些面积比较大的物品还比较方便，用户只要将需要晾晒的物品穿过螺旋式晾衣架，这些物品便会展开来，而且因为晾衣架是弯曲的，物品晾在上面通常不会被风吹落。再加上物品与空气接触的面积比较大，晾晒起来也更容易干，如图 10-32 所示。

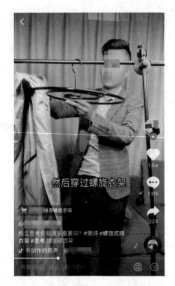

图 10-32　抖音中关于"螺旋式晾衣架"的相关短视频

抖音上的很多商品之所以能够走红，关键还是在于找到了消费的痛点。其实，在螺旋式晾衣架走红之前，还出现了一种多孔晾衣架。这种多孔晾衣架之所以能走红，主要是解决了柜子空间有限，用传统晾衣架挂的衣服太少的痛点。由此，可以看出，找到消费痛点对于产品营销的重要性。

10.2.10　多功能切蛋器

在抖音上能够快速走红的，通常不是生活中的必需品，而是一些看似可有可无，却能为用户带来一定便利的小物件。这些物件的特点主要包括：体积小、价格便宜、能带来某方面的便利或新感受。前面介绍的 9 种物品如此，接下来要介绍的多功能切蛋器也是如此。

多功能切蛋器，顾名思义，就是能够用来切鸡蛋的器具。这种多功能切蛋器，不仅能根据需求将蛋切成瓣或者片等形状，而且能切的对象也包括了水煮蛋、皮蛋在内的多种蛋，如图 10-33 所示。

这种物品看着是不是可有可无呢？我们拿刀来切不是能达到同样的目的吗，为什么还要买它呢？可是人家就说了，用它切得更好看，而且比用刀切更快。于是，就是这么一种看着可有可无的产品，其销量也能轻松破万。

有时候在抖音中产品走红的关键就在于，给潜在消费者一个买它的理由，只要潜在消费者觉得它确实有那么点用处，而且也用不了多少钱。那么，许多抖音用户可能只是抱着试一试的心态，也会花钱买上一个。

图 10-33　抖音中关于"多功能切蛋器"的相关短视频